Dieter Mueller-Harju

Das Beste kommt erst noch

Über dieses Buch

Wer kennt das nicht? Hoher Erwartungsdruck von außen und eigenes überzogenes Anspruchsdenken lassen uns nicht zur Ruhe kommen. Da pickst der Stachel P-S-F-M: Perfekt-Sein-Funktionieren-Müssen. Einen Weg aus der Perfektionismusfalle weist der Lebensberater Dr. Dieter Mueller-Harju mit seinen vielen praktischen Tipps und leicht umsetzbaren Übungen. So können Gelassenheit, Fantasie und Romatik wieder in unseren Alltag einziehen. Echter Lebenszufriedenheit wird so der Weg geebnet. Und noch etwas gibt uns der Autor mit auf den Weg: die Blaue Blume. Ein wunderbares Sinnbild für unsere Sehnsucht und die Liebe zum Leben.

Dieter Mueller-Harju

Das Beste kommt erst noch

Acht Schritte in ein neues Leben

nymphenburger

Widmen möchte ich das Buch einer der Besten,
meiner Frau Nadi, die das Beste ist,
was mir je widerfahren ist.

Umschlaggestaltung: Atelier Sanna, München
Umschlagfoto: corbis, Düsseldorf
Satz: Noch & Noch, Balve
Gesetzt aus 11/14 pt. Sabon
Druck und Binden: GGP Media GmbH, Pößneck
Printed in Germany
ISBN 978-3-485-01126-6

Inhalt

Ein neues Leben wagen

Wenn wir immer das wiederholen,
was wir bisher getan haben,
werden wir auch weiterhin das erhalten,
was wir immer schon bekommen haben.
Es gibt keine Möglichkeit, Neues zu erfahren,
wenn wir es uns nicht erlauben, andere Wege zu wagen.

Jeder Tag bietet uns die Chance einer neuen Entscheidung.
Jeder Tag ein neues Leben.
Wir wissen dies gefühlsmäßig. Doch wir haben uns
umgeben mit Fesseln unserer materiellen Existenz,
Gedankenbildern der Unmöglichkeit
und der Illusion von Sicherheit.
Wir haben uns vor vielen Jahren dafür entschieden
– bewusst oder unbewusst.
Aber heute fragen wir uns:
Wohin hat uns unser Lebensweg geführt?
War dies alles? Da geht doch noch mehr!
Unser alter Weg ist uns zu schmal geworden.
Aber unser Laufrad dreht sich unaufhörlich.
Kein Wegweiser weit und breit.
Wir stehen da mit unserem Gefühl: Was jetzt?
Wir wissen intuitiv: Wir könnten ganz anders
und sind es eigentlich auch!
Wir fühlen die Richtung
für unseren persönlichen Entwicklungs-Weg.
Wir haben eine Ahnung, wohin es gehen könnte.
Die Blaue Blume der Sehnsucht leuchtet uns voraus.
Wir stehen an einer Kreuzung
unseres Berufs- und Lebensweges.
Wir können uns für einen Weg entscheiden,
wenn wir wissen, wohin wir wollen.

Entdecken wir also unsere
Lebenswünsche und Möglichkeiten!
Es ist nicht entscheidend, was wir gewesen sind –
es kommt einzig und allein darauf an,
wer und was wir werden wollen.
Möglicherweise wird es doch
irgendwann einmal notwendig sein,
aus dem Laufrad, oder was auch immer es ist,
zu springen,
alles loszulassen, was uns am eigenen Leben hindert,
uns im freien Fall fantasievoll neu zu orientieren,
dann auf dem Boden anzukommen
und einen anderen, neuen Weg zu gehen,
auf freiem Feld, in Richtung unserer Sehnsucht,
in unserer ganz eigenen Art und Weise
ein neues Leben zu beginnen.
Erleben wir uns ganz –
und leben unser eigenes Leben!
Haben wir den Mut,
uns für das Beste zu entscheiden!
Wir können sicher sein:
Der blaue Himmel wartet hinter den Wolken.
Das Beste kommt erst noch!
Gehen wir die acht Schritte
in ein neues Leben![1]

Einladung zum vollen Leben

Sein eigenes Leben l(i)eben: Das ist doch das Beste, was uns passieren kann! Letztlich geht es darum, morgens aufzuwachen, tief durchzuatmen, sich selbst zu spüren – als Frau, als Mann – möglicherweise noch etwas liegen zu bleiben, dann aufzustehen und mit etwas Dankbarkeit in seinen Tag zu gehen. Warum sollen wir nicht schon morgens mit einem Lächeln damit beginnen, all die Dinge, die da auf uns warten und von uns gefordert werden, in unserer ganz eigenen Weise zu meistern? Mit etwas Neugier den Tag erleben, sich auch an Wunderbarem erfreuen – trotz alledem, was noch nicht so ganz in unserem Sinne ist. Jeder an seiner Stelle, dort, wo er lebt und so, wie er ist. Und sich später dann den Verführungen sowie dem Frieden der Nacht hingeben!? Das wäre doch ein perfekter Tag …

Dieses Buch will Ihnen zu etwas mehr von Ihrem eigenen Leben verhelfen, vielleicht gar zu einem neuen Leben! Finden Sie nicht, dass es besser für uns ist, nicht ständig unter Druck zu stehen? Es täte doch auch gut, sich von dem Gedanken, immer funktionieren zu müssen, zu befreien. Aber da gibt es eine Tugend, die wie ein Stachel nicht wenigen von uns im Fleisch steckt: der Stachel PSFM = Perfekt-Sein-Funktionieren-Müssen. Dieser piekt nicht nur, er raubt uns Lebensmöglichkeiten und treibt uns dazu zu glauben, an einem Tag alles geben zu müssen. Er stachelt regelrecht dazu an, uns zu verausgaben und unser Laufrad[1] ständig am Laufen zu halten, beruflich wie privat.

Ist Leben so gemeint? Ich bin überzeugt, dass dem nicht so ist. Ziehen Sie sich diesen Stachel! Mein Buch unterstützt Sie dabei. Kommen Sie auch auf andere Gedanken und in eine gelassene Gangart durch Ihr Leben. »Das Beste kommt erst noch« ist eine lebensbejahende und zuversichtliche Devise wider den Perfektionismus, wider die Unzufriedenheit und wider die Zukunftsangst. Es ist eine Art Reise-Anleitung zu mehr Gelassenheit und Lebensgenuss: in ein neues Leben. Wie wäre es jetzt, zur eigenen Sehnsucht aufzubrechen, mehr auf die eigenen Wünsche, die Lust am Leben und auf Wunderbares, was auch an unserem Wegesrand liegt, zu achten? Darf es zudem etwas mehr Romantik und Fantasie sein? Gönnen Sie sich einfach das Beste.

Darf ich Ihnen eine leuchtende Blaue Blume für Ihren Weg anbieten? Bitteschön, Sie halten diese gerade in der Hand!

Vergiss das Beste nicht

Finden Sie nicht auch, dass das Beste gerade gut genug für Sie sein sollte? Und, wie sieht es wirklich aus? Leben Sie das Beste in Ihrem Leben – oder machen Sie nur das Beste aus dem, was Ihnen so geschieht?

Wer erhofft denn für sich nicht das Beste? Oscar Wilde meinte, einen ganz einfachen Geschmack zu haben, denn er sei immer mit dem Besten zufrieden! Eigentlich ist es also ganz leicht. Nun, ja – vielleicht dann, wenn wir wissen, was das Beste für uns bedeutet. Wie ist es denn bei Ihnen? Vielleicht wirft der Druck, ständig funktionieren zu müssen und alles perfekt möglichst heute noch zu machen, einen recht langen Schatten auf Ihr eigenes Leben? Aber ständiger Druck ist nicht gerade das Beste für einen, und Stress enthält uns viel von dem prächtigen Reichtum des Lebens vor. Doch *das muss* ja wirklich nicht sein!

Wenn jemandem geraten wird, das Beste nicht aus den Augen zu verlieren, meint man, dass er auf etwas Bestimmtes, etwas Wesentliches achten sollte, weil er sonst das, was er erreicht hat, verliert. In Volkssagen wird von einem Schatz erzählt, der in einem Berg verborgen ist und nur mit einer wundersamen *Blauen Blume* gehoben werden kann. Derjenige, der diese Blume *zufällig* entdeckt hat, wird, während er von dem Schatz fasziniert ist und sich voller Glück davon nimmt, durch eine Stimme ermahnt: »Vergiss das Beste nicht!«

Damit ist natürlich nicht der Schatz gemeint, sondern das, was den Weg dorthin eröffnet hat. Es ist die Blaue Blume, die das für uns Wertvollste bewahrt, ohne dass der Zugang zu dem Schatz bzw. zum Besten in unserem Leben für alle Zeit verschlossen bleibt. Die Blaue Blume symbolisiert unsere ureigenen Sehnsüchte, Lebenswünsche und Hoffnungen. Sie ist das Symbol für die Suche nach deren Erfüllung und das Finden des persönlichen Lebenssinns und Lebensglücks. In jedem ist die Blaue Blume der Sehnsucht in einzigartiger Weise verborgen.

Ja, wer sehnt sich nicht nach dem eigenen Leben? Aber was bedeutet überhaupt: das »eigene Leben«? Sollten Sie es noch nicht so genau wissen oder einfach neugierig sein, das herauszufinden, dann halten Sie das richtige Buch in Ihren Händen. Und falls Sie genau wissen, was Sie wollen, dann bleiben Sie neugierig. Schauen Sie noch einmal hin, ob das, was Sie heute denken und tun, für Sie persönlich wirklich das Beste ist. Es ist durchaus möglich, dass Sie am Ende des Buches doch etwas anderes erblicken, was noch besser für Sie sein könnte. Vielleicht kommen Sie zu ganz neuen Einsichten – und beginnen ein neues Leben ...

Klarheit über das zu haben, was und wohin man in seinem Leben will, ist nicht selbstverständlich. In meiner nunmehr sechzehnjährigen Beratungspraxis – und schon zuvor in meiner über zehnjährigen Forschung und Lehre an der Universität Frankfurt – begegneten mir viele Menschen, die nicht so richtig wussten, was sie wirklich in ihrem Leben wollten. Selbst etablierte Kollegen und auch die, die ihre Ziele mit analytischen Methoden formuliert und sich Ordner voller Pläne angelegt hatten, gaben zu, so richtig würde es sie nicht befriedigen. Irgendwann hätten sie sich gar unter Druck gefühlt, all diese mit äußerster Gründlichkeit entwickelten Ziele erreichen zu müssen. Häufig fühlten sie sich dabei wie in einem Hamsterrad und drehten sich im Kreise. Manch einer beschrieb mir dies so, als empfinde er einen Stachel, der ihn nicht zur Ruhe kommen lasse: der Stachel PSFM = Perfekt-Sein-Funktionieren-Müssen.

Dieses unbestimmte Gefühl begleitet Menschen aus verschiedensten Berufen und Lebensbereichen. Trotz unterschiedlicher Problemlage verbindet sie eine ungewisse Traurigkeit, die sie nicht so recht in ihrem Leben an- bzw. vorankommen lässt. Das bedeutet nicht, dass sie völlig unglücklich sind. Nein, sie haben in ihrer Weise auch beruflichen Erfolg, Lebensfreude und versuchen, das Beste aus allem zu machen. Doch etwas fehlt ihnen: vielleicht ein Gefühl von Leichtigkeit, sich dem Fluss des Lebens hinzugeben oder einfach nur da sein zu können? Nicht wenige sprechen davon, dass sie sich manchmal wie in einem »falschen Film« fühlen. Wenn ich sie dann behutsam frage, was sie bewegt, öffnen sich nicht selten die Schleusen ihres Tränensees, die schon so lange darauf warteten, geöffnet zu werden. Nicht bei allen, doch gerade bei denen, die es selbst nicht für möglich gehalten haben, sich so »gehen zu lassen«. Und dies sind vor allem Männer.

Was steht nun hinter diesem vagen Gefühl, das doch recht viele von uns kennen und das einen so unzufrieden mit dem eigenen Leben sein lässt? Sind es zu hohe Anforderungen in der Arbeit, unangenehme Kollegen, ein Chef, der einen einfach nicht verstehen will, eine Position, die nicht erreichbar ist? Ist es eine Partnerschaft, die nicht erfüllt, ein Lebenspartner, der fehlt, Freunde, die fehlen, Wohnverhältnisse, die einen nicht nach Hause kommen lassen, oder ist es die Unzufriedenheit mit dem persönlichen Aussehen, die einen glauben macht, mit einem perfekten Äußeren wäre man glücklicher?

Ja und nein! Natürlich drücken solche »Umstände« aufs Gemüt und lassen einen mit seinem Leben unzufrieden sein. Aber sind Umstände wirklich die Ursachen? Sind sie nicht vielmehr Ergebnisse unserer Entscheidungen und unserer Gangart durch das Leben? Ich denke, zum großen Teil schon. Wir sind es wohl selbst – und das Gute daran ist: Es liegt an uns, es zu ändern! Wir sind nun einmal Menschen und strotzen geradezu vor Unvollkommenheit, was uns ja auch liebenswürdig und kritikwürdig macht. In unserem Bestreben, vollkommen zu werden, lassen wir uns einiges einfallen und nicht wenige von uns glauben gar, nach dem Besten für sich jagen zu müssen – und schauen dabei nicht so richtig hin, ob es denn wirklich das Beste für sie ist und ob sie es überhaupt zum Glücklichsein brauchen.

Und wer von uns hat nicht schon etwas blauäugig auf das Leben geschaut und musste so manch *blaues Wunder* erleben? Wer ist nicht schon enttäuscht worden und musste erkennen, dass er etwas ganz anderes erwartete, als er erfuhr oder erhielt? Und selbst denen passiert das, die einen fast perfekten Plan hatten. Leben ist halt das, was einem passiert und wie es ist: eine Entdeckungsreise durch ein weites Land, hohe Berge und tiefe Seen. Aber wir müssen nicht alles auf unserem Weg verstehen und begreifen.

Was Sie bisher erlebt haben, ist das eine, was und wohin Sie wollen, das andere. Letzteres ist das Entscheidende! Was und wie auch immer es bisher gewesen sein mag, heute wissen Sie eher, was Sie besser sein lassen bzw. besser machen sollten. Ich weiß, dies ist leicht gesagt, aber schwer getan. Doch alles ist schwer, bevor es leichter wird – und damit Sie das Beste entdecken können und wirklich zu Ihrem eigenen Leben kommen, haben Sie sich ja diesen »Reiseführer« für Ihren Lebensweg, ja, für ein neues Leben gekauft.

Ich biete Ihnen mit diesem Buch das wunderbare Sinnbild der *Blauen Blume* an. Diese kann Sie auf andere, neue Gedanken bringen, Ihnen ungewohnte Sichtweisen eröffnen und Sie dorthin führen, wo Sie wirklich hin wollen. Entdecken Sie also die Blume Ihrer Sehnsucht wieder, lassen Sie sich von ihrem Duft betören und gewinnen Sie neue Einsichten in Ihr Leben.

Ein neues Leben kann recht Unterschiedliches bedeuten.

Für den einen kann es zwar besser sein, seine Arbeitsstelle, seinen Partner oder seinen Wohnort zu verlassen und völlig neu anzufangen. Für einen anderen wiederum mag eine neue Einstellung und entsprechendes Verhalten das Neue in seinem Leben sein.

Dieses Buch zeigt Ihnen in acht Schritten, wie Sie sich in ein neues Leben begeben können. Ich empfehle Ihnen eine gelassene Gangart, bei der nicht alles im Leben so ernst genommen wird. Damit meine ich keine Gleichgültigkeit oder gar totale Entspannung im Leben, sondern eher eine Balance zwischen eigenen Lebenswünschen und tatsächlichen Lebensmöglichkeiten – ein Verhältnis, das ja immer spannungsgeladen bleibt.

Halten Sie also Ihr Laufrad, was immer dies im Beruf oder im Privatleben sein mag, einmal an, halten Sie inne, nehmen Sie sich Zeit für sich selbst und schauen Sie mit einem besonderen, vielleicht gar magischen Blick auf Ihr Leben. Erfahren Sie in diesem Buch, wie Sie sich von dem, was Sie bisher nicht ganz sein lässt und Ihnen Zeit zum Leben raubt, entlasten können. Gewinnen Sie beim Lesen und durch die Übungen mehr Gelassenheit – mit Raum für Fantasie und vielleicht etwas Romantik. Doch passen Sie auf: Wenn Sie Ihre Sehnsucht und Lebensträume wiederentdeckt haben, mag ein Funken sich lösen, der das Feuer Ihrer Leidenschaft entfacht und der Sie motiviert, einen neuen Lebensweg zu gehen und ein neues Leben zu beginnen. Alles ist möglich! Schritt für Schritt.

Übersicht über den Reiseführer zu Ihrem neuen Leben

Erfahren Sie im ersten Teil, warum Lebenszufriedenheit wahrer Reichtum ist. Wenn Sie sich manchmal wie in einem Laufrad fühlen und glauben, eigentlich ganz anders zu sein, dann lernen Sie doch Menschen kennen, denen es vielleicht ähnlich ergeht wie Ihnen. Sollte der Stachel PSFM auch Sie zwicken, erkennen Sie, wie Sie sich von ihm und vom überhöhten

Erwartungsdruck befreien können. Stellen Sie sich dann selbst Erlaubnisscheine für Ihr eigenes Leben aus! Lesen Sie, wie Sie Ihre Lebensqualität durch persönliche Werte und eine gesunde Lebenseinstellung steigern können. Das ist das Beste! Im zweiten Teil können Sie lesen, dass die Endlichkeit unseres Lebens auch ein Glück ist, wenn wir diese annehmen. Klären Sie, was wirklich in Ihrem Leben nach Erfüllung strebt; Ihre Lebenswünsche, Herzenswünsche. Erfahren Sie außerdem, wie Sie Ihre Wünsche wahr werden lassen können. Und dann ist es so weit: Bestimmen Sie selbst, was für Sie persönlich das Beste bedeuten kann. Wenn Sie das wissen, brauchen Sie eigentlich nur noch etwas, was Ihnen den Weg dorthin beleuchtet: die Blaue Blume. Lassen Sie sich in eine andere Welt entführen und ergründen Sie Ihre wahre Sehnsucht. Vielleicht müssen Sie hierzu etwas tiefer abtauchen.

Werden Sie sich Ihrer persönlichen Vermögensquellen bewusst: Vorstellungsvermögen, Erinnerungsvermögen und Einfallsreichtum. Ich empfehle Ihnen, auf Ihrem neuen Weg verschwenderisch mit diesem Vermögen umzugehen. Geben Sie dabei auch der Fantasie Macht und schöpfen Sie aus der Kraftquelle Hoffnung. Wie Sie das bewerkstelligen, zeige ich Ihnen dann im zweiten und dritten Teil dieses besonderen Reiseführers.

Mit den ersten beiden Teilen sind Sie bestens ausgestattet, um im dritten Teil die acht Schritte in ein neues Leben zu gehen. Verschaffen Sie sich in diesem Teil einen Überblick über die wichtigsten Reiseutensilien für Ihren eigenen Weg.

Wenn Sie dann Schritt für Schritt Ihr bisheriges Leben anschauen bzw. durchschauen, gelingt es Ihnen höchstwahrscheinlich, neue Perspektiven und gar einen neuen Lebenshorizont zu entdecken. Auf jeden Fall gewinnen Sie neue Einsichten über sich selbst. Abschließend gebe ich Ihnen noch »Das Manifest der Besten« mit in Ihr neues Leben. Möge Sie dieses auf Ihrem Lebensweg immer wieder an Ihr Bestes erinnern – und ebenso ein Lächeln auf Ihre Lippen zaubern.

Damit geht zwar Ihre Reise durch dieses Buch, doch nicht zu Ihnen selbst und in ein neues Leben zu Ende. Frei nach Hermann Hesse wohnt jedem Ende der Zauber eines Neuanfangs inne. Mit dem Gehen der acht Schritte sind Sie schon aufgebrochen zu einem besseren Leben; Sie sind sozusagen »on the road«. Und nun: Gute Reise!

Lebenszufriedenheit ist wahrer Reichtum

Die Natur hat dafür gesorgt,
dass es, um glücklich zu leben,
keines großen Aufwandes bedarf;
jeder kann sich selbst glücklich machen.
Lucius Annaeus Seneca

Ja, das wäre es doch: sich selbst glücklich machen! Unabhängig und frei sein Leben er-leben. Sich nicht übermäßig kümmern um das, was andere von einem denken. Eigentlich wissen wir es ja auch alle: Jeder ist seines Glückes Schmied!

Erlauben Sie mir die Frage: Wie ist es bei Ihnen? Wann haben Sie sich zuletzt so richtig rundum wohlgefühlt? Bei welchem Anlass oder in welcher Situation waren Sie glücklich und zufrieden? Gönnen Sie sich doch einfach etwas Zeit für eine Antwort. Versuchen Sie nachzufühlen, was es war. Und wenn Sie wollen, notieren Sie das Ergebnis auf einen Zettel. Wie wäre es, diesen als Lesezeichen zu nutzen?

Natürlich empfinden wir alle unterschiedlich. Was bei dem einen ein großes Glücksgefühl hervorgerufen hat, konnte dem anderen möglicherweise nur ein müdes Lächeln abringen. Aber was bedeutet überhaupt *Zufriedenheit?*

Wie geht es Ihnen?

Sind Sie mit Ihrem Leben zufrieden? Leben Sie das Leben, das Sie sich vorstellen? Sind Sie mit Ihren Lebensbedingungen, Ihrem Beruf, Ihrer Partnerschaft und Ihrer Wohnsituation zufrieden? Sind Sie der Mensch, der Sie gerne sein wollen – oder würden Sie lieber ein anderer sein?

Oh weh, das sind Fragen! Warum diese wichtig sind? Wir alle haben ein Wunschbild von uns selbst, so wie wir gerne wären. Nicht immer ist uns dies bewusst. Aber etwas in unserem Inneren macht uns gelegentlich darauf aufmerksam: Es sind ungute Gefühle, manchmal eine unbestimmte Traurigkeit, die wir spüren, wenn unsere Lebensbedingungen und Lebenserfahrungen allzu sehr von unserem Idealbild abweichen. Und wenn die Diskrepanz allzu groß wird, können unser Selbstwert und unser Selbstvertrauen mehr und mehr ausgehöhlt werden. Wir werden immer unzufriedener mit unserem Leben – und mit uns selbst.

Und wer von uns ist nicht einmal etwas unzufrieden? Allerdings sollten wir uns dann vor einem verhängnisvollen Irrtum hüten: andere oder die Umstände dafür verantwortlich zu machen. Zugegeben, das ist einfacher. Aber Sie wissen schon, was ich meine: Weiter bringt es uns nicht – eher die anderen weit weg von uns. Wir sind nun einmal unseres Glückes Schmied – und was das konkret bedeutet, möchte ich in diesem Buch deutlicher machen.

Kennen Sie Rosanna, Annette, Paul, Albrecht, Harald und Luise? Sie kennen sich untereinander auch nicht, aber alle sechs verbindet etwas miteinander: Das Laufrad!

Das Laufrad

Wer immer nur funktioniert,
entzieht sich dem Abenteuer des Lebens.
Armin Müller-Stahl

Zum Beispiel Rosanna, Anfang fünfzig, immer noch Single, Chefsekretärin. Ohne sie würde vieles im Unternehmen nicht laufen. Doch sie »verkauft« sich dafür viel zu billig und ist auch noch allzu gerne bereit, unablässig zu funktionieren. Sie genießt es und leidet zugleich daran, gebraucht zu werden. Sie schrieb mir kurz vor Weihnachten: »Wenn die stille Zeit schon mal da wäre. Ich habe das Gefühl, ich sei im Laufrad und das dreht und dreht sich immer weiter, nur anhalten kann ich nicht. Ich freue mich riesig, wenn ich heute die Arbeit hinter mir lasse. Hoffentlich kehrt dann endlich und bald Ruhe in meiner Seele ein. Und vielleicht begegnet mir in der Weihnachtszeit endlich mein Märchenprinz; denn es wartet schon zu lange niemand auf mich, wenn ich nach Hause komme.«

Ja, das Laufrad dreht und dreht sich … auch bei Annette. Sie ist vierzig, Mutter dreier Kinder, voll berufstätig und recht anspruchsvoll bei allem, was sie tut. Sie schrieb mir Anfang diesen Jahres: »Bitte entschuldige, dass ich mich erst jetzt melde, aber mein Tag sollte achtundvierzig Stunden haben. Bitte entschuldige auch, dass ich mit dem PC schreibe. Es ist bei mir einfach ein Zeitproblem. Ich arbeite nun in Lübeck in einem Unternehmen für Finanzdienstleistungen. Meine Woche umfasst durchschnittlich fünfzig Arbeitsstunden. Im Moment bin ich im Jahresabschluss-Stress. Ich stehle mir gerade die Zeit, um Dir diese Zeilen zu schreiben. Meine Tochter Frida wird jetzt drei Jahre, ist aber schon im Kindergarten und hat viel Freude dort. Die Oma kümmert sich nachmittags um sie. Meine Große ist jetzt fünfzehn und hat bereits einen festen Freund. Mein Mann, der zu Hause arbeitet, entlastet mich sehr. Er kocht täglich für uns und umsorgt uns liebevoll – natürlich neben seiner Arbeit. Wäsche und Hausputz erledige ich dann am Wochenende. Zum Glück bin ich eine Frohnatur und kann beruflichen Stress einfach ignorieren. Dennoch, Urlaub würde mir mal richtig gut tun. Ist schon lange her, dass wir einmal rauskamen. Meine Wochen sind wirklich ausgefüllt. Ich versuche mich aber körperlich fit zu halten. Vielleicht gibt es bald durch eine zusätzliche Mitarbeiterin Entlastung für mich, dass endlich die Überstunden aufhören.«

Das Laufrad dreht sich auch bei Annette und sie bekommt es »irgendwie« noch recht gut hin.

Paul funktioniert ebenso sehr gut, doch beginnt er etwas zu stolpern. Paul ist Anfang vierzig, ein sportlicher Typ, freundlich und bekannt für seine Hilfsbereitschaft. Zugegeben, auch für mich war das schon einige Male äußerst praktisch. Paul ist gelernter Schreiner, arbeitet aber nicht mehr in seinem Beruf, sondern vertreibt jetzt mit großem Erfolg Produkte für Schreinereien. Sein Arbeitstag ist gut gefüllt mit vielen Kundenterminen. Vielleicht etwas zu gut, denn abends bleibt ihm wenig Energie für anderes. Dennoch, seine Gefälligkeiten für Verwandte, Freunde und Bekannte sind fast grenzenlos. Seine Frau sehnt sich ebenfalls nach ihm. So ist er häufig in Zeitnot, da er nicht Nein sagen kann. Wenn er gebraucht wird, wechselt er quasi sein berufliches Laufrad mit einem privaten. Auch nach Feierabend wird einiges von ihm erwartet, denn er ist äußerst fähig und kann so ziemlich alles, was es in einem Haus zu werkeln gibt. Wie er mir sagte, wünscht er sich mehr Zeit, einfach so. Doch sein Wunsch, öfter etwas mit Freunden zu unternehmen oder sie zumindest einmal anzurufen, bleibt Wunschdenken, da er von einem Laufrad in das andere steigt. Er überfordert sich und will es allen recht machen – doch sich selbst vergisst er dabei. Er bekommt aufgrund seiner Versprechen, die er nicht einhalten kann, ein immer schlechteres Gewissen. Im Moment liegt er im Krankenhaus – ein Fuß wird operiert. Vielleicht nimmt er sich die Zeit, zumindest über die Laufgeschwindigkeit seiner Laufräder nachzudenken. Das wäre im Moment das Beste für ihn.

Zu glauben, dass man immer funktionieren muss, selbst wenn die Aufgabe eine Bestätigung bringt, kann verhängnisvoll sein, wie beispielsweise bei Albrecht. Er ist neunundfünfzig und Elektroingenieur in führender Position eines mittelständischen Unternehmens. Ein Perfektionist, denn dem Ingenieur ist ja nichts zu »schwör«. Er funktionierte fast ohne Störungen, sprich Krankheitstage. Er freute sich darauf, nach einem zwar anstrengenden und aufreibenden, aber recht erfüllten Berufsleben mit sechzig in den Ruhestand einzumünden. Er wollte die nachberufliche Lebensphase ruhiger und besonnener, ja, auch gesundheitsbewusster verbringen. In den letzten drei Jahren war er immer wieder einmal wegen *kleiner Zipperlein,* wie er fand, zum Arzt gegangen. Doch die Ratschläge des Arztes, langsamer zu machen, mehr Pausen einzulegen und auch eine Kur durchzuführen, wies er mit dem Hinweis auf den baldigen Ruhestand zurück. Zudem hatte er für solche »Dinge« bis dahin keine Zeit; denn wer sollte sein Laufrad so perfekt am Laufen halten? Wenn er dann in Rente sei, wolle er endlich mehr Zeit mit seiner Frau verbringen, die häufig auf ihn wegen zu viel Arbeit verzichten musste. Er wusste auch, ohne die Fürsorge seiner Frau hätte er seine Arbeit nicht schaffen können. So habe er sich eine Rente erarbeiten können, von der sie beide gut ihren Lebensabend verbringen könnten. In letzter Zeit sprachen sie immer öfter davon, was sie alles machen und wie schön sie es haben würden, wenn sie endlich Zeit füreinander hätten. An einem Morgen wie jedem anderen stand er im Badezimmer, machte sich für den Tag bereit und dann – brach er zusammen. Plötzlicher Herzstillstand war die Diagnose …[1]

Das Laufrad läuft weiter, auch ohne uns. Davon ist Harald überzeugt. Er hat noch im Laufen entschieden, aus seinem Laufrad auszusteigen. Er ist Anfang vierzig, schon fast zehn Jahre ein *perfekter* Vertriebsmann in einem Großkonzern, der mit medizinischen Artikeln handelt. Er war erfolgreich und stand hinter den Produkten, die er vertrieb. Er reiste gerne zu seinen Kunden und erfreute sich auch vieler interessanter Begegnungen. Doch für seine Familie, Freunde und andere Interessen hatte er kaum Zeit. Harald sprach in den letzten Jahren öfter davon, dass er diesem Erfolgsdruck und der Zeitnot endlich entkommen möchte. Anfang diesen Jahres schrieb er mir: »Meinem bisherigen Großunternehmen habe ich endlich den Rücken zugekehrt. Zu wenig Freiheit, zu viel Überwachung, zu viel Politik, auf Dauer ungesund für die Seele, wenn man kein Typ dafür ist. Und das bin ich nun mal nicht. Jetzt versuche ich mich selbst als Unternehmer. Jetzt bestimme wieder ich, wo ich wann bin. Ich hoffe, nun wieder in meine eigene Spur zurückzukehren, damit ich mir selbst wieder treuer bin und authentisch sein darf.«

Und Luise? Sie ist neunundvierzig Jahre, gelernte Bürokauffrau und Ayurveda-Therapeutin. Schon seit zwei Jahren sucht sie eine neue Arbeitsstelle. Engagiert bewirbt sie sich, fährt zu potenziellen Arbeitgebern und bewirbt sich auch persönlich in Kliniken, Gesundheits- und Wellnesszentren. Sie sehnt sich nicht nach einem Laufrad, denn in einem solchen ist sie zwanzig Jahre lang rundgelaufen. Gesundheitliche Gründe hatten Sie schließlich aus dem Laufrad geschleudert. Aber ihre Begabungen wünscht sie weiterzugeben. Ihr fehlen berufliche Herausforderungen und Anerkennung. Ihre Suche stößt aber immer wieder an eine Grenze: Unverblümt sagt man ihr, dass sie zu alt für die jeweilige Stelle sei – oder man bietet ihr viel Arbeit für wenig Lohn an. Bei aller Verzweiflung wollte sie sich aber nicht ausnutzen lassen. Da sie trotz intensiver Suche keine Stelle fand, sah sie nur noch den Weg, sich selbstständig zu machen. Sie erzählte mir kürzlich, dass sie endlich den Sprung gewagt hätte und nicht mehr zum Arbeitsamt ginge. Vielleicht sei sie zu ihrem Glück gezwungen worden; denn sie arbeite jetzt ganz in ihrem Rhythmus, verdiene zwar nicht viel, dafür erhalte sie aber viel Anerkennung, und vor allem hätte sie jetzt mehr Zeit für all die Dinge, die sie sonst hat liegen lassen.

Während von den genannten sechs Menschen in unterschiedlichen Laufrädern fünf ihre Drehgeschwindigkeit verringern bzw. ihr Laufrad noch verlassen können, ist es für *Albrecht* zu spät. Er verstand sich als perfekter Berufsmensch, gab alles dafür und vergaß doch letztlich das Beste: sich selbst. Es gibt nun einmal Grenzen unseres Lebens, unserer Leistungsfähigkeit. Selbst Maschinen brauchen Ruhe- und

Wartungsphasen sowie einen Ölwechsel. Und wir Menschen brauchen noch wesentlich mehr für ein gutes Leben! Wer glaubt, immer funktionieren zu können bzw. zu müssen, ob im Beruf, im Haushalt oder in welchem Lebensbereich auch immer, wird schließlich in seinem Laufrad durchdrehen und versäumt das Beste – und so auch das Abenteuer seines Lebens. Vielleicht war es ja für Albrecht tatsächlich das Beste, nur zu arbeiten, zu funktionieren. Dennoch hätte er sich mehr *erlauben* können, *mehr* wäre auch für ihn möglich gewesen, hätte er sich nicht vergessen. Vergessen hat er noch jemanden: seine Frau. Doch für seine Frau kann das Beste ja noch kommen ...

Rosanna glaubt, ihr Laufrad nicht anhalten zu können. Wenn sie aber wüsste, was sie wirklich in ihrem Leben will, könnte sie diesem entkommen. Sie ist sich der Tatsache bewusst, dass die Entscheidung letztlich bei ihr liegt. Sie experimentiert derzeit im künstlerischen Bereich – vielleicht helfen ihr Farben und Wörter beim Ausstieg. Wenn Sie doch nur nicht immer auf ihren Märchenprinzen warten würde ...

Annette hofft, durch neue Kollegen entlastet zu werden und mehr Zeit für sich selbst zu gewinnen – gleichzeitig hält sie nach neuen Laufrädern Ausschau. Wenn sie es braucht ...

Paul macht sich, wenn auch gezwungenermaßen, über die Drehgeschwindigkeit seiner Laufräder Gedanken. Sein Fuß zwingt ihn zum Anhalten – und zu einem neuen Schritt.

Harald hingegen hat sich seine Lebenswünsche klar gemacht, seine Entscheidung getroffen und sein Laufrad verlassen. Ja, er hat sich seinen PSFM-Stachel rechtzeitig gezogen. Er gibt jetzt auch sein Bestes für die neue berufliche Herausforderung. Aber er weiß, dass seine Familie ihm die Kraft hierzu schenkt. Seine Frau und die beiden Kinder bekommen jetzt sein Bestes: immer wieder ihn.

Kommen Ihnen diese Geschichten bekannt vor – wie ist es denn bei Ihnen? Vielleicht geht es Ihnen manchmal auch so und Sie denken:

Eigentlich bin ich ganz anders

… nur komm' ich so selten dazu. Dieses Zitat Ödön von Horváths löst zunächst ein nachdenkliches Lächeln aus. Doch schnell begibt man sich wieder in seinen Alltagstrott. Vielleicht denken Sie: »Was soll das denn? Schließlich muss ich ja meinen Lebensunterhalt verdienen und ich habe keine Zeit für solche Sprüche!« Hierzu ein Zitat des unvergleichlichen Abenteurers und Autors Saint-Exupéry: »Halte nichts von einem Menschen, der nur für seinen Lebensunterhalt arbeitet und nicht für die Ewigkeit.« Ja, jetzt habe ich mir sicher keine Freunde gemacht, aber immerhin eine Meinung vertreten. Wie ist das bei Ihnen? Sagen Sie anderen, wie Sie behandelt werden wollen? Zeigen Sie diesen die Grenzen auf oder verteilen Sie Erlaubnisscheine, Sie so zu behandeln, wie Sie es *eigentlich* nicht wollen? Beklagen Sie sich dennoch gegenüber anderen darüber, wie man mit Ihnen umgeht? Sie kennen sicherlich Menschen, die so handeln!

Waren das noch Zeiten, als wir jung und blauäugig waren! Die ganze Welt stand uns offen – und dann rückte das Laufrad näher und näher. Zunächst wurden wir für das Rundlaufen in einem kleineren Laufrad vorbereitet, bekamen verschiedene Räder zur Auswahl vorgestellt, etwas Verlockendes wie Einkommen, Anerkennung, Wichtigkeit und gar Sinn wurde an die Räder gehangen, dann hieß es, sich zu entscheiden. Wenn man dann in ein Rad gestiegen ist, wusste man, wohin man gehört, was zu tun ist, was man denken und wie man leben sollte, um nicht aus dem Laufrad in die Unsicherheit zu fallen. Zugegeben, so locker war das Ganze auch nicht – und nicht jeder ist dem *Ruf des Rades* gefolgt. Doch der Einstieg in ein Laufrad gehört nun einmal zu unserer Berufsgesellschaft. Das ist auch nicht das Problem. Es gibt ja reichlich Auswahl, sowohl im beruflichen wie im privaten Bereich, seine Runden zu drehen. Und ein Symbol der von mir so geschätzten Fortuna, der römischen Schicksals- und Glücksgöttin, ist ja auch das Lebensrad.[2]

Aber wenn die Jahre vergehen und man fühlt sich so wie Rosanna, die jetzt Anfang fünfzig ist, (auch vielen meiner Klienten geht es ähnlich), dann läuft etwas nicht zum Besten. Doch was hält uns im Laufrad gefangen – was lässt uns gar *durchdrehen* und nicht das Beste erleben? Alles beginnt damit, was wir selbst von unserem Leben erwarten.

Erwartungshaltungen

Mit den Erwartungshaltungen ist das so eine Sache. Denn zumeist sind es andere, die etwas von uns erwarten. Und wir glauben, deren Wünschen entsprechen zu müssen. Wer aber allzu eifrig die Erwartungen anderer erfüllen will, macht sich verdächtig. Und zwar deshalb, weil er alles tut, um Anerkennung zu finden, und wer das übertreibt, scheint selbst nicht genau zu wissen, was er in seinem Leben will. Wie soll er sich da selbst anerkennen können?

Daher ist es äußerst wichtig, sich klar zu machen, was man überhaupt von seinem Leben erwartet. Wie sich die Dinge um einen herum abspielen sollen. Und manche Erwartungen im Leben werden enttäuscht – doch an diesen Erfahrungen kann man wachsen.

Enttäuschungen: Ich habe mich getäuscht

Wer kennt das nicht!? Es gibt Lebenssituationen, die einem fast den Atem rauben, ja, gar den Lebensmut. Eigentlich dachte man, dass etwas Bestimmtes in Erfüllung bzw. etwas immer so weitergeht. Sei es ein lang gehegter Wunsch, eine Liebesbeziehung, eine Freundschaft, ein berufliches Ziel, eine Reise oder was auch immer Ihnen einfällt. Und dann ... die Enttäuschung ... Leere ... es ist ganz anders gekommen. Wenn man auf etwas oder jemanden vertraut und dieser etwas versprochen hatte, tut's noch mehr weh. Unsere Lust am Leben droht mehr und mehr zu schwinden. Damit andere es nicht merken und uns nicht zu nahe kommen, neigen wir dann dazu, gute Miene zu einem, wie wir glauben, »bösen Spiel« zu machen. Andere könnten uns ja *auch* enttäuschen.

Verhängnisvoll für unser ganzes Leben wird es dann, wenn wir unsere Sehnsüchte und Hoffnungen und die Lust auf Abenteuer aufgeben. Denn so verlieren wir mehr und mehr das aus den Augen, was für uns das Beste wäre. Wir verlieren den Glauben an die Menschen und schließlich an das Leben und damit an uns selbst! Unsere Unzufriedenheit wächst.

Wenn erfahrene Enttäuschungen unseren Blick auf die Zukunft verschleiern, kann uns alles nur grau, düster und entmutigend erscheinen. Seufzen bestimmt dann öfter unseren Atem und die Luft für klare Gedanken wird rar. Passen wir in so einer Gemütlage nicht auf, gewinnen wir zunehmend den Eindruck, dass das Leben ohnehin nur ein Kampf ist, der Enttäuschungen mit sich bringt – nach dem Motto: es hat ja ohnehin keinen Sinn. Wir resignieren und suchen regelrecht nach Bestätigungen für unsere Theorie. Und Sie können sicher sein: Sie finden genug davon, aber ebenso sicher ist, dass das nicht das Beste ist, was Sie tun und finden können!

Prima! Da haben uns doch tatsächlich unerfüllte Erwartungshaltungen – und darum geht es – ein Bein auf dem Lebensweg gestellt. Statt aufzustehen und weiterzugehen, suchen wir mit dem Blick zurück Bestätigungen dafür, was andere und die Umstände uns angetan haben. Schon gar nicht gut tun uns die sich einstellenden Selbstzweifel und die allgegenwärtige Unzufriedenheit.

Besonders prickelnd wird es dann, wenn wir öfter Enttäuschungen erlebt haben und uns plötzlich noch bewusster wird, dass wir älter geworden sind. Wenn wir das Lebensalter von vierzig bzw. fünfzig Jahren überschritten haben, kommt doch etwas Unruhe auf. Das Thema *Älterwerden* wird emotionaler. Manch einer fragt sich dann: »Wie soll es mit mir weitergehen oder wo soll das alles enden? Wie kann ich jetzt noch etwas zum Besseren wenden?«

Vorsicht! Stoppen Sie solche Kreisgedanken, das Laufrad dreht sich sonst in Ihrem Kopf weiter. Akzeptieren Sie vielmehr, dass Sie sich getäuscht haben. Das passiert doch jedem einmal – und gar öfter. Zudem: Nur weil andere unsere Erwartungshaltungen nicht erfüllen, sind diese keine schlechten Menschen – und umgekehrt wir ja auch nicht. Worauf es ankommt: unser Bestes im Auge zu behalten. Wer hierzu wirklich beitragen kann, das muss sich erst erweisen. Und wir sollten schon genau hinschauen. Bei den acht Schritten zeige ich Ihnen, wie das geht.

Verhängnisvoll wird es, wenn wir unsere Erfahrungen nicht akzeptieren können. Es ist nun einmal so, wir haben uns halt getäuscht bzw. täuschen lassen. Enttäuschungen kosten zwar viel Lebensenergie und können unsere Motivation und Lebenslust erheblich trüben. Aber diese sind Lehrstunden unseres Lebens, sie gehören dazu. Auch ungute Gefühle bringen uns näher an das heran, was wir wirklich im Leben wünschen. Sie kennen sicher den Spruch: »Das brauche ich nicht mehr.« Genau das ist gemeint, wenn wir etwas erkannt haben, worauf wir gut verzichten können. Um nicht falsch verstanden zu werden. Ich singe kein Loblied auf Enttäuschungen. Da kann ich bei mir sicher auch noch einige getrocknete Tränen finden. Aber hüten Sie sich davor, anderen immer wieder zu erzählen, was Sie enttäuscht hat. Sie wissen ja: Wer viel zu tragen hat, wird für die anderen irgendwann unerträglich ... Wer Ihnen Trost spendet, hat auch ein Recht zu erfahren, was Sie daraus gelernt haben und dass Sie es ab heute besser machen.

Wer verlassen wurde, sollte offen für eine neue Liebe bleiben; wer ein berufliches Ziel nicht erreicht hat, sollte ein besseres Ziel finden; wer Geld verloren hat, schaffte Platz für noch mehr Geld; wer von einem Freund enttäuscht wurde, hat jetzt Gelegenheit, ihn wirklich kennenzulernen oder es ist Platz für einen neuen Freund; wer eine verschlossene Tür vorfindet, sollte einmal in seiner eigenen Tasche nach dem Schlüssel schauen; wer im Lotto diesmal nicht gewonnen hat, gewinnt halt demnächst etc. Sie verstehen schon!

Fatal für unser Leben ist es, wegen erlebter Enttäuschungen nicht mehr nach vorne zu schauen und für das Beste nicht mehr bereit zu sein. Das kommt ja schließlich erst noch! Was sich bisher nicht erfüllt hat, kann nicht wirklich das Beste gewesen sein. Oder?

Befreien Sie sich also von dem Hirngespinst, Ihrem alten Partner oder Lebensentwurf hinterherlaufen oder nachtrauern zu müssen. Dies raubt Ihnen nur wertvolle Energien und Lebenszeit. Entscheiden Sie sich für Ihr eigenes Leben – und hierfür haben Sie nur das Beste verdient. Bevor ich Sie dabei unterstütze, sich dieses wieder bewusster zu machen, gilt es zunächst noch, ein weiteres Hindernis aus dem Weg zu räumen:

Wenn eine Tugend zum Laster wird: Stachel PSFM

Zugegeben, bisher waren meine Gedanken nicht gerade sehr geheimnisvoll und die Blaue Blume scheint Ihnen vielleicht noch etwas fern. Auch wird sich Ihr schelmisches Lächeln in Grenzen halten. Üben Sie noch ein bisschen Geduld. Schließlich gilt es zunächst, etwas in und um uns herum weg- und aufzuräumen, vielleicht gar einen Vorhang zu heben, um die Blaue Blume wiederzuerkennen und sich dann voll und ganz das Beste zu gönnen. Freuen Sie sich darauf!

PSFM – Perfekt-Sein-Funktionieren-Müssen

Es gibt Muss-Gedanken, die Sie vielleicht bisher als Tugend hoch schätzten, die Sie doch letztlich vom Besten Ihres Lebens abhielten bzw. sogar von dem, was Sie noch besser könnten. Wer perfekt sein will bzw. sich in Kreisen bewegt, die nur Menschen anerkennen, die alles richtig machen, läuft Gefahr, sein eigenes Leben zu versäumen. Sicher, Sie werden schließlich ausgebrannt sein und mit Ihrem Burnout-Syndrom mögen Sie sich gar wie ein »Held der Arbeit« oder Samariter fühlen. Aber ist das wirklich erstrebenswert?

Hand auf's Herz: Ist es Ihnen wichtig, von Ihrer Umgebung bewundert zu werden und recht zu haben? Fühlt es sich für Sie gut an, immer mit etwas beschäftigt zu sein und anderen zu sagen: »Leider keine Zeit«? Glauben Sie: »Ich bin gut, wenn ich gerecht, pflichtbewusst, stark und besser bin als andere«? Fühlen Sie sich immer wieder einmal abgeschlagen, obwohl Sie gar keinen unmittelbaren Grund erkennen können? Plötzlich sackt Ihre Lebensenergie völlig ab und Sie können einfach nicht mehr? Schmeichelt es Ihnen gar, von anderen für Ihre Zeitnot und viele Arbeit bedauert zu werden? Und selbst wenn Sie glauben, Ihr Bestes gegeben zu haben, bleibt da noch etwas Unzufriedenheit? Denken Sie im Stillen öfter, alles besser zu wissen als andere und machen Sie das denen immer wieder einmal deutlich? Beschleicht Sie häufiger ein Gefühl von Gehetztheit – ob im Beruf, im Haushalt oder in der Freizeit? Lassen Sie sogar beim Ausruhen die Gedanken an das, was noch alles getan werden muss, nicht los? Stellen Sie sich häufiger die Frage, ob das, was Sie getan haben, auch richtig war? Befürchten Sie die Kritik anderer und falsche Entscheidungen?

Stellen Sie an sich selbst höchste Ansprüche und vergleichen sich ständig mit anderen?

Wenn bei Ihnen dieses oder jenes zutrifft, steckt der PSFM-Stachel recht tief. Doch etwas Perfektionismus – also die Absicht, sein Bestes für eine Aufgabe zu geben – steckt in uns allen. Wir wollen halt unsere Sache gut machen. Aber Vorsicht: Warum und für wen wollen wir denn perfekt sein? Denken Sie: »Meint Perfektion nicht das Beste?« Sie werden nach dem Lesen dieses Kapitels verstehen, dass dem nicht so ist.

Perfektionismus ist keine Tugend und schon gar kein Segen! Es ist eine Norm für Laufräder, die uns vor längerer Zeit beigebracht wurde, die wir kaum hinterfragt haben und die uns zunächst scheinbar gut laufen ließ. Aber die Norm PSFM ist viel zu klein für uns Menschen und beschränkt Lebensmöglichkeiten. Sie orientiert sich nur an der Funktion des Laufrades: wie könnte dann perfekt sein wollen zu unserem Besten sein? Wer 100 Prozent perfekt sein will, ist 200 Prozent gestresst, zügelt seine Lebendigkeit, brennt langsam aus. Natürlich brauchen wir, um unser Leben zu meistern und etwas zu vollbringen, Beweggründe, sprich Motivation sowie Orientierungen. Aber bitte: Diese sollten unsere eigenen Werte und Bedürfnisse sein. Ein gesundes Engagement gibt uns die Energie, konzentriert etwas zustande zu bringen und uns weiterzuentwickeln. Das ist aber etwas völlig anderes, als unter den gegebenen Bedingungen perfekt sein zu wollen. Perfektionsvorstellungen, wie sie in uns gesteckt wurden, gründen in der Art und Weise unseres Wirtschafts- und Arbeitslebens.[3] Solange wir funktionieren und gar unseren eigenen Perfektionsansprüchen hinterherlaufen, läuft es natürlich »rund«! Wenn Sie gekündigt werden; wenn Geschäftspartner ihre Zusagen nicht einhalten; wenn Kunden ihre Waren und Dienstleistungen nicht mehr wollen; wenn der Partner sie verlässt; wenn Sie plötzlich tot umfallen; wenn, wenn, wenn ... dann scheint Ihr PSFM-Engagement nicht zu Ihrem Besten geführt zu haben.

Doch Ihr Perfektionsanspruch ließ Sie glauben, dass es das Beste für Sie sei. Auch der Schluck Versagensangst, den wir verabreicht bekamen, sowie mangelnde persönliche Zuversicht tun hier ihre unheilvolle Wirkung. Nein, so erreichen wir keine Lebenszufriedenheit. Der PSFM-Stachel hat uns jetzt genug gepiekst – doch letztlich führt uns das ja auch zu unserem Besten: Da, wo wir diesen Stachel spüren, sollten wir besser nicht sein! Dort sind wir unzufrieden – und insofern ist Unzufriedenheit auch ein guter Grund, etwas in seinem Leben zu ändern. Um sich dem vollen Leben mehr öffnen zu können, wäre es gut zu wissen, was es überhaupt mit der Lebenszufriedenheit auf sich hat. Was bedeutet zufrieden sein für Sie? Im nächsten Abschnitt gebe ich Ihnen hierzu einige Anregungen.

STOPP

Ja, es ist halt nicht leicht, dies einzusehen und sich von alledem zu befreien. Gönnen Sie sich jetzt eine kurze Lesepause – und fühlen Sie nach, wie das soeben Gelesene in Ihnen wirkt. Kommt Ihnen etwas bekannt vor? Vielleicht mögen Sie sich eine Notiz machen, wo Sie perfekt sein wollen oder sollen?
Notieren Sie sich doch auch, was Sie im Moment besonders zwickt, was Sie gleich tun müssen … verschafft es Ihnen ein gutes Gefühl?

Zufriedenheit

Wie fühlt sich das an, wenn Sie zufrieden sind? Ich vermute, Sie sind vor allem entspannt, machen sich kaum Gedanken, lächeln vielleicht in sich hinein. Auf jeden Fall wird es sich gut anfühlen – möglicherweise merken Sie es nicht einmal, da alles bestens ist. Zufriedenheit ist ein persönliches Gefühl, ein höchst subjektiv empfundenes Wohlbefinden. Und wann und wie ich mich wohlfühle, kann nur ich selbst wissen. Wenn ein anderer zu Ihnen sagt: »Du musst zufrieden sein«, dann bieten Sie diesem doch an, mit Ihrer Lebenssituation zu tauschen. Doch bevor Sie tauschen, schauen Sie noch einmal genau hin. Möglicherweise hat er ja recht. Anklagen (lassen) müssen Sie sich jedenfalls nicht. Sie waren halt allzu sehr beschäftigt … mit dem Laufen.

Wenn Oscar Wilde meint, einen ganz einfachen Geschmack zu haben, da er immer mit dem Besten zufrieden sei, sagt er uns ja nicht, was für ihn das Beste ist. Aber dass es ihm wichtig ist, zufrieden zu sein. Er verschafft sich dieses Gefühl dadurch, dass er sich das Beste gönnt. (Das klingt ja fast so, als hätte er dieses Buch gelesen. Nun ja – es ist wohl eher umgekehrt.)

Was Lebenszufriedenheit bedeutet, könnte etwa so beschrieben werden: Zufrieden bin ich dann, wenn ich mich in diesem Leben willkommen, geliebt und liebenswert fühle. Klingt das für Sie etwa ehrgeizig? Warum sollten wir mit weniger zufrieden sein? Und wenn wir ehrlich zu uns sind: Wer will das nicht?

Zufriedenheit erleben wir beispielsweise, wenn

- wir uns im Einklang mit der Welt fühlen, in der wir leben.
- wir Vertrauen in das Leben haben.
- unsere Lebensvorstellungen mit unserer Lebensweise weitgehend übereinstimmen.
- wir Frieden mit uns selbst geschlossen haben.
- wir Zeit für uns haben.
- wir »JA« zu unserem Leben sagen können.

Jeder hat seine persönlichen Zufriedenheitsvorstellungen. Der eine ist in einer tiefen Meditation mit sich im Einklang, der andere, wenn er sich seine Ohren mit hartem Rocksound zudröhnt. Jeder schöpft halt aus seiner Zufriedenheitsquelle. Vermeiden sollten wir aber, unsere Quelle der Lebenszufriedenheit mit anderen zu vergleichen und diese gar als besser herauszustellen. Wer dies versucht, kann mit sich nicht wirklich zufrieden sein. Werfen Sie doch einen Blick auf die Zufriedenheitsquellen der anderen, vielleicht gibt es ja hier schöne Impulse? Die Möglichkeiten sind jedenfalls vielfältig:

Ob Beruf oder Hobby, die Begegnung mit anderen, eine Partnerschaft, religiöser Glaube, Gespräche, Essen, Trinken, Kunst, soziales Engagement oder einfach nur bloßes Herumsitzen: Was genau ein Gefühl tiefster Zufriedenheit vermittelt, bleibt jedem selbst überlassen, wenn er damit nicht andere unzufrieden macht.

Lebenszufriedenheit ist wirklich ein Traum, den sich jeder erfüllen kann. Es ist eine Kostbarkeit unseres Lebens, mit der wir uns alle bereichern können.

Räumen wir im Folgenden noch einige Steine aus dem Weg, oder sollte ich sagen: Stacheln? Wir wissen ja, Perfektionsdruck macht nicht zufrieden. Zufriedenheit erlangen wir dadurch, dass wir uns zunächst entlasten von allem, was wir nicht wollen und brauchen. Wir leben nach einem bestimmten Lebenskonzept, das uns Orientierung gibt. Es ist uns nicht immer bewusst, da der Alltag von uns viel fordert. Da kann man schon einmal vergessen, dass wir vorgegebenen Werten, Normen und Vorschriften folgen, die uns ja auch das Nachdenken ersparen. Wir haben diese gelernt und vermittelt bekommen. Doch wir sind ja nicht nur soziale Wesen, sondern tragen ebenso eine Verantwortung für unser individuelles Leben. So dürfen wir danach fragen, ob diese Konzepte auch für uns Sinn machen und uns gut tun: »Wie will ich leben?«, darauf sollten wir selbst eine Antwort geben können. Wenn uns der Stachel allzu sehr piekt, wir unzufrieden und gar schon in unserem Laufrad kurz vor dem Durchdrehen sind, ist es höchste Zeit, uns davon zu befreien. Es heißt neue Wege zu finden, die uns mehr vom Leben und Zufriedenheit schenken.

STOPP

Wie wäre es zwischendurch mit einer Entspannung? Vielleicht haben Sie länger nichts mehr getrunken? (Wasser, Bier, Wein, Saft?) Strecken Sie sich doch einmal und spüren Sie in Ihren Körper hinein. Gähnen Sie herzlich. Sollte Ihr Partner in der Nähe sein – schenken Sie ihm/ihr doch ein Lächeln. Ein Kuss und eine Umarmung, einfach so, könnten auch gut tun. Es wäre jetzt auch Zeit für ein Telefonat mit jemandem, den Sie schon lange anrufen wollten. Vereinbaren Sie doch einen Termin ... Entspannen Sie sich so, wie Sie es wollen, denn was jetzt folgt, braucht Ihre entspannte Aufmerksamkeit.

Erwartungsdruck wird gemacht

Eigentlich wissen Sie es ja selbst: Keiner ist perfekt! Ja, auch Sie nicht! Warum strengen Sie sich dann über Gebühr an, warum verausgaben Sie sich in vielen Dingen des Lebens? Warum lassen Sie sich von anderen verrückt machen?

Sie tun das nicht? Prima! Wenn Sie aber verstehen, was ich meine und sich immer wieder verrückt machen, dann wäre es besser, selbst etwas verrückter zu werden: Treten Sie mal neben Ihr Laufrad. Wie meinte George Bernhard Shaw: »Was wir brauchen, sind ein paar verrückte Leute. Seht euch an, wo uns die Vernünftigen hingebracht haben.« Eben!

Leben ist eher ein weites, unberechenbares Feld, das entdeckt, ergangen, erlaufen, gerollt, gestolpert, gepflügt und wie auch immer angenommen und gelebt werden will. Hinter jeder Ecke und Abbiegung wartet ein Abenteuer, das uns mehr vom Leben erfahren lässt.

Perfektionismus verleitet uns aber zu einem Lebenskampf – ein aussichtsloses Unterfangen, denn gerade wir als Nachkriegskinder müssen und brauchen keinen Kampf mehr, das führt eher zu Krämpfen. Unser Privileg ist es, uns friedlich in unserem Land zu entwickeln, uns selbst zu verwirklichen. Was auch bedeuten kann, sich für unsere Gesellschaft zu engagieren. Aber bitte aus persönlicher Einsicht und Motivation. Vorsicht: Bei dem, der sich in besserwisserischer Weise engagiert, steckt noch der Stachel PSFM tief im Fleisch oder vielleicht auch Überheblichkeit. Glauben Sie ihm nichts! Schenken Sie ihm eher ein wissendes Lächeln.

Es heißt, alle Wege führen nach Rom. Also, gleichgültig welchen Weg Sie gehen, irgendwann kommen Sie auch in Rom oder dort, wo Sie hin wollen, an – und zwar in der seelischen Verfassung, mit der Sie Ihren Weg gegangen sind. Darum ist es so wichtig für unseren Lebensweg, auf das »Wie will ich leben« zu achten. Wir ernten schließlich, was wir säen. Leben ist keine Einbahnstraße, nicht nur ein Weg und schon gar kein

Laufrad. Leben ist immer ein Werden und das einzig »Fertige« schaffen wir selbst – ja, wir machen uns durch das PSFM-Syndrom selbst fertig. Aber das muss nicht sein, das können wir besser!

Und das Bessere für uns kann beginnen, wenn wir verstanden haben, warum wir eigentlich so gut funktionieren und warum wir überhaupt perfekt sein wollen. Wir Menschen sind zwar unergründliche Wesen: vielschichtig, verzwickt, verwickelt, ganz lieb und böse, verrückt, kompliziert, fürchterlich schlau, unbeschreiblich dumm, verschieden, merkwürdig, einfach und auch wunderbar, aber sicher nicht perfekt. Bei aller Komplexität gibt es aber einige uns alle prägende Wesenszüge, die uns äußerst menschlich machen, wenn auch mit unterschiedlicher Ausprägung.

Uns alle verbindet eine *tiefe Sehnsucht,* eine Sehnsucht nach Anerkennung und nach Liebe. Vielleicht könnte man es auch Heimat nennen: einfach das Gefühl, dort anzukommen, wo wir willkommen sind.

Um dieses zu erfahren, bedarf es des Mutes, ganz bei sich selbst zu sein, zu sich zu kommen. Eigentlich dürfte das doch jeder können. Wenn ich weiß, dass ich ohnehin nicht besser sein kann als der, der ich bin, wird es doch recht entspannt in meinem Leben. Ja, ja – wenn es denn so einfach wäre. Unser Leben ist eben doch etwas komplizierter, auch anspruchsvoller – und das ist zunächst einmal nichts Ungutes.

Allerdings, wenn ich durch meine Erziehung und die Medien recht bunt suggeriert bekomme, wer durch welche Leistung liebens- und anerkennenswert ist, setzt mich dies unter Druck. Denn was mir dort als wünschenswert präsentiert wird, ist wohl kaum meinen eigenen Lebenswünschen und Bedürfnissen entsprungen. Aber was soll man machen? Wenn mir erklärt wird, dass nur der geliebt wird, der diesen gesellschaftlichen Vorstellungen entspricht, will ich doch auch so sein bzw. werden. Und wenn ich dann noch lerne, dass ich umso mehr Anerkennung und Liebe erfahre, je mehr ich besitze und andere übertreffe, na dann weiß ich doch, was ich zu tun habe, oder?

Reingefallen! Wenn ich so denke, bin ich aber schön in die Perfektionsfalle getappt. Oder sollte ich sagen, da wurde mir der Stachel PSFM aber recht wirksam ins Fleisch gesteckt bzw. da habe ich aber selbst kräftig mitgeholfen? Doch wie werde ich mir dieser Entwicklung bewußt?

Am Anfang fühlt es sich noch recht motivierend an, schließlich erhoffe ich mir die Erfüllung meiner Sehnsüchte. Wenn es aber des Guten, was ich tue, zu viel geworden ist, ich weniger Anerkennung und Liebe bekomme als erwartet, und die Enttäuschungen sich mehren, entzündet sich der Stachel in mir.

Diese »perfekte Entzündung« wirkt sich u.a. so aus: Wir haben kaum mehr Zeit für uns selbst, aber auch nicht für andere; wir verurteilen uns häufig selbst; vergleichen uns ständig mit anderen; machen uns Sorgen, etwas nicht zu schaffen (Versagensangst); unsere Lebensperspektive verengt sich darauf, Fehler zu vermeiden und Kritik abzuwehren; Schuldgefühle nehmen uns viel an Lebenskraft; wir achten kaum mehr auf uns selbst; unser Selbstwertgefühl wird labiler; der Freundeskreis verringert sich; Beziehungsprobleme nehmen zu.

Wir erleben also letztlich genau das Gegenteil von dem, was wir einmal durch den Perfektionsanspruch zu erfahren hofften: Anerkennung und Liebe. Und wenn es dann ganz schlimm kommt, werden wir immer misstrauischer, kritisieren alles und jeden. Schließlich flüchten wir uns in eine andere Illusion, die der *Sicherheit.* Alles muss jetzt abgesichert werden. Und wir lassen um unseren Reichtum die Hecken immer grösser werden. So bleibt unsere Selbstsicherheit auf der Strecke und wir bereiten unsere nächste Enttäuschung schon vor. Dabei ist doch nur eins sicher: Sicherheit gibt es nicht; nichts ist beständiger als der Wandel.

Aber auch Entscheidungen zu treffen, fällt uns jetzt schwerer. Ist ja kein Wunder, nur wer sich selbst nah ist, weiß, wofür er sich entscheiden soll, was für ihn das Beste ist.

Bei diesen Gedanken wird es mir fast etwas unwohl, denn einige dieser Erfahrungen habe ich selbst schon gemacht und hatte es nicht einmal bemerkt ... zumindest solange nicht, bis ich krank wurde. Auch manche meiner Klienten können ein Lied davon singen. Solche Symptome sind Ihnen sicher auch schon aufgefallen, aber vielleicht nur bei anderen? Jedoch, es ist nie zu spät, uns den Stachel PSFM zu ziehen – gleichgültig, wie groß er sein mag und in welchem Lebensbereich wir ihn wirken lassen. Denn letztlich wirkt er nur durch uns selbst: solange wir ihm die Erlaubnis geben, uns anzutreiben und unseren Blick auf das Leben zu beschränken.

Der Stachel symbolisiert den Irrglauben, dass nur fehlerlose, sprich perfekte Menschen Anerkennung und Liebe erhalten und man sich diese verdienen müsse. Doch Sie wissen es ja selbst, gerade unsere menschlichen Unvollkommenheiten, unsere Schwächen und Schrullen machen uns liebenswert. Nicht für jeden, aber es gibt genügend Menschen, die genau das an uns lieben. Jetzt sind wir so weit, ein Fazit zu ziehen und uns dieses unheilvollen Stachels PSFM zu entledigen.

So ziehen Sie sich den Stachel PSFM

Treffen Sie Ihre Entscheidung und verabschieden Sie sich von einem ungesunden, hochgeschraubten Perfektionsanspruch und nehmen Sie die Aussage »Eigentlich bin ich ganz anders« ernst. Wie der Stachel PSFM Ihr Leben beschränken, ja, vergiften kann, habe ich versucht deutlich zu machen. Wenn Sie eine Stelle gefunden haben, an der es piekst, setzen Sie doch hier an, um es besser zu machen.

Suchen Sie sich einen ruhigen Platz, machen Sie es sich bequem. Vielleicht mögen Sie im Hintergrund eine besonders beruhigende Lieblingsmusik laufen lassen. Gönnen Sie es sich. Schließen Sie für einen Moment die Augen und hören Sie nur hin – und dann lesen Sie entspannt weiter:

Stellen Sie sich vor, Sie würden Ihren Beruf, Ihre Hausarbeit, Ihre freiberufliche, künstlerische oder alltägliche Tätigkeit nicht mehr ausüben. Sie verfügen voll und ganz über Ihren Tag. Sie sind völlig frei von jeder Verpflichtung! Versuchen Sie es einfach jetzt. Achten Sie dabei nur auf Ihren Atem. Atmen Sie durch die Nase tief in Ihren Bauch ein – und wieder aus. Spüren Sie sich dabei selbst. Schenken Sie sich ein Lächeln ... Fühlen Sie sich frei! Genießen Sie diesen Augenblick ... Welcher Gedanke kommt Ihnen als erstes? Was sehen Sie? Oder werden Sie einfach nur müde? Alles ist möglich. Wiederholen Sie diese Übung immer wieder einmal. Fühlen Sie in das hinein, was auch noch in Ihr Leben will, was Sie sich wirklich wünschen.

Wenn Sie wirklich wollen, wird es Ihnen mehr und mehr gelingen, sich in dieses befreiende Gefühl hineinzubegeben. Dann sind Sie so weit, von Ihrem ungesunden Perfektionsanspruch Abschied zu nehmen.

Raus mit dem Stachel!

Schließen Sie die Augen und genießen Sie die Vorstellung, in diesem Augenblick völlig frei von Verpflichtungen zu sein. Bleiben Sie einen Moment in dieser Vorstellung. Denken Sie jetzt daran, was Sie eigentlich tun müssten, aber gar nicht gerne tun wollen. Wie fühlt sich dies an? Wo spüren Sie ein ungutes Gefühl? Fühlen Sie hinein. Vielleicht spüren Sie dies im Bauch, in der Herzgegend, im Nacken, im Rücken, im Kopf – wo auch immer: Hier sitzt Ihr Stachel PSFM!

Legen Sie beide Hände auf diese Gegend, schließen Sie Ihre Augen und fühlen Sie mit Ihren Händen dort hinein. Stellen Sie sich den Dorn einer Rose vor, der Sie dort zwickt – lassen Sie es einen Moment zu – aber dann, wenn Ihre Hände sich erhitzt haben, spüren Sie, wie dieser Dorn langsam in Ihre Hände gleitet und sich auflöst. Der Stachel ist gezogen! Sie können es auch öfter versuchen, vielleicht haben sich mehrere

Dornen versteckt. Lassen Sie sich Zeit – und wenn Ihnen danach ist, strecken Sie sich und gähnen Sie aus vollem Herzen! Waschen Sie anschließend Ihre Hände kalt ab und legen Sie diese zur Erfrischung auf Ihr Gesicht. Schauen Sie in den Spiegel. Hier schaut Sie ein Mensch an, der ganz bei sich selbst bleiben will. Schenken Sie sich ein Lächeln! Sie haben den entscheidenden Schritt hin zum Besten getan und Raum für mehr Lebensfülle und Lebensgenuss geschaffen.

Entziehen Sie anderen die Erlaubnisscheine!

Wenn der Stachel gezogen ist, entziehen Sie all denen, die Sie unter Druck setzen, ständig irgendetwas von Ihnen verlangen und gar ein schlechtes Gewissen erzeugen, wenn Sie nicht funktionieren, die Erlaubnis hierzu! Doch muss dies nicht böse geschehen, schließlich haben Sie den anderen die Erlaubnis erteilt und es ist nicht verwerflich, sich zu nehmen, was man bekommen kann.

Wenn Sie beispielsweise Ihr Chef unwirsch anfährt oder ständig kritisiert, wenn etwas nicht nach seiner Vorstellung läuft, dann fangen Sie nicht gleich an, bei sich nach Fehlern zu suchen, sondern verbieten Sie diesem erst einmal, so mit Ihnen umzugehen. Verlangen Sie unbedingt Höflichkeit, bevor Sie ihm antworten!

Wenn der Partner öfter irgendetwas an Ihnen auszusetzen hat, muss Ihnen das nicht gefallen. Sie müssen sich nicht für ihn ändern, denn Bangemachen lassen gilt nicht! Wenn Sie befürchten, dass der Partner Sie verlässt, wenn Sie nicht so sind und nicht so handeln, wie dieser will, meint er ja gar nicht Sie, sondern will wohl einen anderen. Wenn Sie nicht einsehen können, warum Sie es so, wie der andere will, machen sollen oder sich gar kleingemacht fühlen, entziehen Sie diesem, der glaubt perfekt zu sein, die Erlaubnis, Sie zu kränken! Empfehlen Sie ihm doch eine Bäckerei – vielleicht kann dort der passende Partner für ihn gebacken werden.

Wenn Sie einem bestimmten Vorbild folgen, beruflich wie privat, mag das zwar auch motivierend sein, doch Vorsicht: Wenn Sie sich immer nur mit diesem vergleichen, vergessen Sie nicht nur irgendwann sich selbst, sondern lernen sich erst gar nicht kennen. Denn Sie sind Sie und die anderen eben anders! Bringen Sie das, was Ihnen bei anderen nachahmenswert erscheint, in Ihrer ganz persönlichen Art und Weise in die Welt. Entlasten Sie sich: Sie werden nie so sein wie der andere, müssen es ja auch nicht. Diesen Erlaubnisschein haben Sie sich selbst ausgestellt! Dort steht: »Ich will werden wie der andere!« Wupps, da haben Sie sich aber selbst das Zepter aus der Hand geschlagen – und vielleicht etwas missverstanden. Sollte es nicht besser heissen: »Werde der, der Du bist!?«

Sie kennen sicher genügend weitere Situationen, in denen andere mit Ihnen nicht so gut umgehen und ständig zu viel fordern, selbst im Familienkreis. Und dann hängen wir auch noch selbst unsere Funktionieren-Müssen-Ansprüche so hoch, dass wir Sie nicht erreichen können. Notieren Sie sich die Momente, in denen Sie sich getrieben, unter Druck, häufig unzufrieden fühlen. Stellen Sie für jeden Fall einen Erlaubnisschein aus, auf dem steht, was Sie den Menschen in Ihrer Umgebung bisher an Dingen, die Ihnen nicht gut tun, gestattet haben. Sprechen Sie diese darauf an und zerreißen Sie anschließend den Erlaubnisschein. Das hat eine ungemein befreiende Wirkung! Sie glauben das nicht? Dann haben Sie es noch nicht versucht. Beginnen Sie mit Personen, die Ihnen nahe stehen. Und denken Sie daran – all jene sind keine schlechten Menschen, aber vielleicht von Ihnen etwas zu sehr verwöhnt und deshalb nehmen Sie sich zu viel von Ihnen. Und dann setzen Sie sich auch noch selbst unter Druck, anders zu sein, als Sie sind. Nein, das kann wohl nicht zu Ihrem Besten sein!

Sagen Sie sich: »Ich bin nicht auf der Welt, um alle Ansprüche und Wünsche meiner Mitmenschen er zu erfüllen.« Es sei denn, Sie wollen es wirklich! Wenn Sie genau wissen, was Ihre

Herzenswünsche sind und wohin Sie in Ihrem Leben wollen, haben Sie damit schon genug zu tun. Und letztlich haben die anderen sicherlich auch viel davon!

Schenken Sie sich Erlaubnisscheine für ein besseres Leben

Wer ein Leben nach seinen Vorstellungen will, sollte es sich *erlauben.* Andere werden nicht darauf warten, bis Sie sich entschieden haben; schließlich wollen diese ja auch ihr eigenes Leben leben. Zudem, was wäre das für ein Gefühl, die Erlaubnis von anderen erteilt zu bekommen, sein eigenes Leben zu leben? Also, warten Sie nicht länger, sondern nehmen Sie sich die Freiheit und stellen sich jetzt selbst Ihre Erlaubnisscheine aus:

Erlauben Sie sich mehr vom Leben

Heute ist der beste Tag, um sich das Beste im Leben zu *genehmigen.* Geben Sie sich die Grunderlaubnis:

Ich muss gar nichts, außer mal dorthin, wo auch der Kaiser zu Fuß hingeht. Irgendwann einmal muss auch ich ganz weit weg, ohne Wiederkehr – und falls ich doch zurückkomme, dann sicher nicht als der, der ich heute bin.

Ich erlaube mir:

- der zu werden, der ich bin und auch gelassen zu bleiben, wenn ich in den Spiegel schaue (vielleicht täte es mir auch gut, irgendwann meinen Blick und die Frisur zu ändern).
- mich selbst zu mögen und zu lieben, sogar mit den Narreteien, die andere nicht immer lustig finden.
- mich zu meinen Sehnsüchten und eigenen Wünschen zu bekennen, wenn ich auch nur die besten davon in meinem Leben verwirkliche.

- Liebe zu erfahren, an Wunderbares zu glauben, mich für romantische Augenblicke stark zu machen und mich leidenschaftlich hinzugeben – auch wenn es hinterher mal weh tun sollte.

Gewiss fällt Ihnen noch so einiges ein, was Sie sich bisher in Ihrem Leben nicht erlaubt, sich vorenthalten haben. Beispielsweise im Beruf endlich eine Gehaltserhöhung durchzusetzen oder doch nach einer neuen Stelle Ausschau zu halten. Vielleicht wollten Sie aber auch schon lange neue Impulse in Ihrem Beziehungsleben setzen oder mehr Zeit für sich alleine haben. Stellen Sie sich Ihre Erlaubnisscheine verschwenderisch aus – warum nicht in Form eines Scheckbuches? Einlösen können Sie diese dann beim Besten: bei Ihnen selbst!

Unser Leben bietet so viel, weitaus mehr, als wir oft denken bzw. uns das Druckgefühl Funktionieren-Müssen wahrnehmen lässt! Da gibt es sicherlich noch einiges, was auch Ihre Lebensqualität erhöhen kann – und ebenso für Ihre Liebsten zum Besten ist. Aber Sie wissen ja: *Müssen* tun Sie (fast) nichts! Nicht einmal ungehorsam sein dem gegenüber, was in Ihnen meint, immer zu müssen. Sie brauchen es dann nur *gelassen* auszuhalten.

STOPP

Vielleicht mögen Sie sich jetzt erst einmal ausstrecken, etwas trinken und ... Das Buch kann warten ...

Etwas weniger perfekt, dafür aber besser leben

Haben Sie sich schon gefragt, was nun, da Sie den Stachel gelöst oder gezogen haben, folgen soll? Oder was Sie motivieren wird, wenn der Druck nachlässt? Nun, zum einen wäre es doch besser für Sie, sich nicht ständig gestresst zu fühlen, mehr Zeit zum Leben und Lieben zu haben. So ein Stachel stört ja in jedem Fall. Zum anderen aber ist die Alternative zum Perfektionsstreben nicht Anspruchslosigkeit, Gleichgültigkeit oder Oberflächlichkeit im Leben. Ganz im Gegenteil! Erst wenn Sie Ihre eigenen Wünsche, Bedürfnisse und Sehnsüchte kennen, haben Sie die Motivation in Ihrem Leben gefunden, die Sie mehr Lebensqualität anstreben lässt. Wie dies geht, erfahren Sie im nächsten Kapitel.

Erst wenn Sie wissen, was Sie wollen, sind Sie wirklich bereit, die Verantwortung für Ihr Leben zu übernehmen. Von da an ist es wirklich Ihr eigenes Leben. Aber Sie geben so auch anderen Menschen die Gelegenheit, Sie wirklich kennenzulernen. Natürlich ist es *Ihre* Entscheidung, ob Sie sich das Beste gönnen wollen. Aber der Leitgedanke: »Etwas weniger perfekt, dafür aber mehr und besser leben« klingt doch entspannend. Und noch etwas: Zu ahnen, dass das Beste erst noch kommen wird, lässt uns doch gelassener leben.

Möglicherweise haben Sie sich ja schon gefragt, *warum das Beste erst noch kommen soll?* Wie ist es denn bei Ihnen, glauben Sie, schon alles Wahre, Schöne und Gute erlebt zu haben? Ganz sicher war schon Wunderschönes dabei und vieles war bestens – oder Sie freuen sich in diesem Moment daran. Schön, wenn Sie zufrieden mit dem Bisherigen sind. Es geht jedoch bei der Erwartung, dass das Beste erst noch kommt, nicht um einen Vergleich zwischen den besten Erlebnissen, gar um Bewertungen, was am allerbesten ist. Warum sollten Sie nicht noch mehr Gutes, gar Ihr Bestes erwarten? Das Leben wird nach vorne gelebt. Lebendigkeit ist nicht hölzern, bewegungslos oder starr. Angenehme, wundervolle Überraschungen bleiben möglich und lassen uns außergewöhnlich gut fühlen – bis zu unserem Ende. Offenbleiben für das Wunder, das Abenteuer, das Geheimnis des Lebens – darauf will der Leitgedanke des Buches aufmerksam machen: sich auf das Beste vorzubereiten, unser Bestes heute schon zu tun, mit der Zuversicht, es auch morgen zu erleben. Bleiben Sie also für das Beste in Ihrem Leben wach und seien Sie neugierig auf all das, was noch kommen wird. Diese Lebenseinstellung lässt Sie auch gelassener durch Ihr Leben schreiten:

Gelassen leben Sie zufriedener

Wer gelassen sein Leben lebt, ist weder »cool«, gefühllos noch gleichgültig, sondern lässt sich von dem Lärm um ihn herum, dem Perfektions- und Erwartungsdruck, nicht den Atem nehmen. Gelassenheit ist keinem in die Wiege gelegt worden. Fehlt es an ihr, können uns seelische Balancestörungen krank machen – ein leider häufiges Phänomen unserer Lebensweise. Trotzdem kann sie nicht vom Arzt verschrieben werden: Gelassen-Werden braucht Zeit und Lebenserfahrungen – und den Willen, sich nicht von anderen verrückt machen zu lassen.

Ein Beispiel für Gelassenheit: Sie werden von jemandem in heftiger, beleidigender Weise kritisiert. Man wirft Ihnen vor, alles falsch zu machen. Gelassen reagieren Sie dann, wenn Sie Ihrem Ankläger deutlich sagen, dass Sie schon wesentlich mehr Fehler gemacht hätten, da Sie sich selbst viel besser kennen als er. Sie können gelassen reagieren, da Sie ja wissen, dass niemand *alles* falsch machen kann und dass der Mensch, der Sie kritisiert, einfach etwas anderes will.

Gelassenheit ist ein Lebensgefühl, eine Grundeinstellung zum Leben an sich und zu seinem eigenen Leben. Es ist Ausdruck von Lebensbejahung und der Akzeptanz von Werden und Vergehen. Es ist die Kunst zu leben im besten Sinne. Wer gelassen ist, kann das Leben so, wie es ist, vorbehaltlos annehmen – und wenn er es gerade einmal nicht getan hat, merkt er es selbst und kann gelassen darauf reagieren.

Ja, dies klingt recht anspruchsvoll, aber wollen Sie weniger? Das Beste ist doch gerade gut genug für Sie! Und Gelassenheit üben können wir in alltäglichen Situationen und

Tätigkeiten. Allerdings nicht unter Druck oder gar, wenn Sie meinen, gelassen werden zu müssen. Ihr Herz sollte vielmehr hüpfen, wenn Sie daran denken, in verschiedenen Situationen und auf bestimmte Menschen gelassener zu reagieren. Es tut Ihnen schließlich gut! Wie gelassen sind Sie?

- Behalten Sie Ihre Ruhe auch dort, wo andere sie aus der Fassung zu bringen versuchen?
- Achten Sie darauf, wie Sie atmen?
- Begegnen Sie anderen vorurteilsfrei?
- Lassen Sie anderen auch ihren Lebensraum?
- Haben Sie das Gefühl, sich nicht ständig rechtfertigen zu müssen?
- Spüren Sie sich selbst, wenn Sie mit anderen zu tun haben?
- Nehmen Sie Ihr Leben, so wie es ist, ungeschminkt wahr?
- Sind Sie unabhängig von der Meinung anderer?
- Können Sie loslassen, wenn Druck auf Sie ausgeübt wird?

Konnten Sie einige Male mit dem Kopf nicken? Oder gar bei allen Punkten? Dann haben Sie wichtige Grundhaltungen der Gelassenheit schon gelernt. Wie wäre es mit einer heiteren Gelassenheit? Die hat der erreicht, der sich des Ernstes der beherrschenden Wirklichkeit bewusst ist, sich aber von der Glücks- und Schicksalsgöttin Fortuna immer wieder aufs Neue ein Lächeln auf die Lippen zaubern lässt. Das klingt doch bestens!

Gelassenheit üben

Um gelassen zu werden, brauchen wir engen Kontakt zu uns selbst und persönliche Grundhaltungen zu unserem Leben. Wenn Sie wollen, nehmen Sie sich etwas Zeit, halten Sie inne und lassen Sie folgende Fragen auf sich wirken:

- Welche Gedanken beschäftigen Sie häufig, wie fühlen Sie sich dabei?
- Bei welchem Anlass bzw. durch welche Personen lassen Sie sich verunsichern und passen nicht auf, was Sie sagen und tun? Wie reagieren Sie? Worüber ärgern Sie sich dabei am meisten?
- Sind Ihnen Ihre Sehnsucht und Lebenswünsche bewusst? Nehmen Sie diese ernst und was tun Sie, um diese zu erfüllen?
- Was denken Sie über das Leben an sich und Ihr persönliches Leben?

Ihre Antworten geben Ihnen darüber Aufschluss, wo Sie im Moment stehen, wie gelassen Sie sind. Je mehr es Ihnen gelingt, folgende Grundhaltungen umzusetzen, desto besser gehen Sie mit sich um:

- *Lebensbejahung:* Das Leben ist ein Geschenk. Lernen Sie, es als ein Werden und Vergehen sowie in seinen Wechselfällen dankbar anzunehmen. Schenken Sie dem Leben Ihr Vertrauen und lernen Sie mehr und mehr, sich dem Fluss des Lebens hinzugeben.
- *Loslassen:* Lassen Sie immer mehr Dinge und auch Personen, die Ihnen nicht gut tun, los.
- *Achtsamkeit:* Seien Sie dort, wo Sie wirklich im Moment sind – nicht abwesend. Wenn Sie in Gedanken schon bei Ihrem nächsten Termin weilen, dürfen Sie sich auch nicht wundern, dass andere Sie nicht richtig verstehen und beachten. Sie sind ja nicht wirklich da.
- *Mitmenschlichkeit:* Erst wenn Sie Ihren Mitmenschen ihren Lebensraum lassen und Andersartigkeit anerkennen, nehmen Sie am unermesslichen Reichtum des Lebens teil.
- *Eindeutige Entscheidungen:* Wenn Sie wissen, was für Sie wertvoll ist und wohin Sie wollen, werden Sie den Blick für das Wesentliche behalten und lassen sich nicht von Unwichtigem ablenken.

- *Wahrhaftigkeit:* Seien Sie mutig! Stehen Sie zu sich selbst, zu dem, was Sie wollen. Schließlich haben Sie hierzu die Erlaubnis. Schauen Sie einmal auf Ihre Erlaubnisscheine ...
- *Innehalten:* Gönnen Sie sich immer wieder eine Auszeit, finden Sie Ruhe und tun Sie gar nichts oder das, was Sie näher an sich selbst heranbringt. Stellen Sie den Lärm um sich herum ab! Wie, das ist Ihnen überlassen.
- *Geduld:* Entspannen Sie sich dort, wo es Ihnen dringlich erscheint: Rom wurde auch nicht an einem Tag erbaut. Alles hat und braucht eben seine Zeit. Doch warten Sie nicht vor Mauern und Türen, die allzu lange verschlossen bleiben – es gibt ja noch andere Wege.
- *Sinnenhaftigkeit:* Nehmen Sie Verbindung zu Ihrem persönlichen Leben auf, lassen Sie sich mit allen Sinnen darauf ein: Hören, sehen, fühlen, riechen und schmecken Sie Ihr Leben! Damit haben Sie genug zu tun und müssen sich nicht so sehr von sich ablenken lassen.
- *Berufs-Lebens-Balance:* Achten Sie auf den Einklang von Beruf und Lebenssinn, Beruf und Privatleben, Herausforderung und Entspannung, Arbeit und Spiel. Wer nur das eine will, wird das andere verlieren.
- *Lebensfreude:* Diese können Sie in vielfältiger Weise zum Ausdruck bringen. Doch eine Art ist die einfachste und wirkungsvollste: Humor. Wie meinte doch Charlie Chaplin: »Jeder Tag, an dem du nicht lächelst, ist ein verlorener Tag.« Und wenn Sie über sich selbst lachen können, entspannen Sie am besten.
- *Zuversicht:* Ohne dass wir nach vorne schauen, ja, Sie wissen schon, das Beste gar noch erwarten, verschenken wir unsere Zukunft.

Das Zitat des deutsch-amerikanischen Theologen Reinhold Niebuhr könnte uns als Grundeinstellung für ein gelassenes Leben dienen: »Gott gebe mir die Gelassenheit, Dinge hinzunehmen, die ich nicht ändern kann, den Mut, Dinge zu ändern, die ich ändern kann, und die Weisheit, das eine vom anderen zu unterscheiden.«

Folgende zwei kleine Übungen unterstützen Sie dabei, sich daran zu erinnern und Kraft zu sammeln. Diese sind zugleich Meditationen, mit denen Sie zu sich selbst behutsam Kontakt herstellen und zur Ruhe kommen können. Es sind einfache Achtsamkeitsübungen, die ich schon viele Jahre meinen Klienten vermittle. Diese bestätigen mir, dass Sie durch sie wacher und gelassener geworden sind. Sie gehören auch zu meinen täglichen Übungen – Sie sind einfach und schwer zugleich: Es ist einfach, sie durchzuführen, jedoch schwer, sich immer wieder daran zu erinnern.

Die Stopp!!!-Übung: Halten Sie Ihren Film einmal an!

Vielleicht besorgen Sie sich bei Gelegenheit einen kleinen »Stopp«-Aufkleber, den Sie gut sichtbar in Ihrer Wohnung und an Ihrem Arbeitsplatz anbringen. Es genügt aber auch, wenn Sie sich einen Zettel hinlegen oder in Ihren Terminkalender »STOPP!!!« notieren. Sie haben dies ja bereits oben kennengelernt.

Schauen Sie mehrfach am Tage auf das Stopp-Schild – und halten Sie dann inne, als würde ein Film plötzlich angehalten. Was fühlen Sie gerade tatsächlich? Machen Sie eine Momentaufnahme von sich selbst. Nehmen Sie Kontakt auf mit Ihrer augenblicklichen Situation. Verharren Sie kurz für ca. fünfzehn Sekunden in der jeweiligen Lage oder Bewegung. Nehmen Sie Ihre Körperhaltung, Füße, Arme, Beine, Gesäß, Oberkörper, Arme, Hände, Finger, Schultern, Nacken, Hals und Kopf wahr. Spüren Sie Ihr Gesicht: Wie schauen Sie, wie fühlt es sich an (ernst, heiter ...)? Lösen Sie sich dann wieder. Welche Gedanken beschäftigen Sie im Moment wirklich? Wo ist Ihre Aufmerksamkeit?

Übung: Atmen Sie achtsam

Die fundamentale, *am besten täglich durchzuführende* Gelassenheitsübung ist das Achtsame Atmen. Wie wir atmen, so leben wir. Unser Bewusstsein braucht nun einmal Sauerstoff. Je mehr dieser unser Gehirn durchflutet, umso achtsamer und damit wacher sind wir: auch für das Beste. Und nebenbei können wir gar unseren biologischen Alterungsprozess hemmen. In Anlehnung an den großen Achtsamkeitslehrer Thich Nhat Hanh könnte Ihnen folgende Übung immer wieder zum Atmen verhelfen:

Schließen Sie die Augen. Konzentrieren Sie sich ganz auf Ihren Atem. Atmen Sie tief ein – und aus. Lassen Sie Ihren Atem fließen. Wenn es gut für Sie ist, gönnen Sie sich vier tiefe Atemzüge mit folgenden Gedanken:

- Beim Einatmen: »Ich weiss, dass ich bin.«
- Beim Ausatmen: »Ich lächle dem Leben zu.«
- Beim Einatmen: »Dies ist mein Leben.«
- Beim Ausatmen: »Das Beste kommt erst noch.«

Wenn Sie wollen, legen Sie die rechte Hand etwas oberhalb vom Bauchnabel auf den Solarplexus und die linke Hand auf Ihre Herzgegend. Sie werden spüren, wie der Atem Sie erfüllt und Ihnen neue Kraft schenkt. Wiederholen Sie diese Atemübung ruhig mehrfach, wo immer Sie wollen. Auch während des Lesens kann es Sie erfrischen und beflügeln. Schaffen Sie sich Raum dafür. Es tut immer wieder gut![4]

Gelassenheit schafft Lebenszufriedenheit

Lebenszufriedenheit ist wahrer Reichtum – und dieser zeigt sich nicht in unseren Besitztümern, sondern in unserer Gelassenheit und unserem persönlichen Vermögen, loslassen zu können. Ein gelassenes Leben gründet auch in der Einsicht, dass unser Leben unbeständig ist, fließt, endlich ist – und dass sich nichts festhalten lässt. Wer die Dinge seines Lebens gelassen sieht und auch so mit diesen umgeht, weiß um die fortunahafte Beschaffenheit der Welt und gönnt sich eher einmal ein Lächeln, als sich über alles und jeden zu ärgern. Blaue Wunder und Enttäuschungen können so verschwinden, ebenso wie der Zorn.

Lebenszufriedenheit bedeutet allerdings nicht, sich jeden Tag himmelhochjauchzend zu fühlen – auch zu Tode betrübt mag einmal ein Tag erlebt werden. Unsere größten Schritte im Leben, die zu unserem Besten und in ein neues Leben führen, sind nun einmal auch Erlebnisse und Erfahrungen, die sich nicht gut anfühlen. Wir erleben unsere blauen Wunder, da wir uns getäuscht haben, stoßen an unsere persönlichen Grenzen, solange wir uns noch nicht wirklich kennen. Das bedeutet persönliches Wachstum. Je mehr Freiraum wir für unsere eigenen Lebenswünsche schaffen, destso mehr Platz gewinnt das Beste in unserem Leben. Jeder von uns ist hierzu in der Lage, wenn er dies wirklich aus tiefstem Herzen will. Wir alle sind mit der Gabe ausgestattet, unser Leben zu entdecken, zu erobern, damit zu experimentieren, es einfach laufen zu lassen, unser Lebenswerk zu erschaffen, eine Spur im Leben zu hinterlassen. Allerdings nicht durch Kampf, ständigen Erwartungsdruck, den Stachel PSFM oder Stress.

In der Gelassenheit liegt die Kraft, sein Bestes zu erleben. Und diese Kraft wird durch unsere Sehnsucht nach Liebe und unseren Wunsch, in diesem Leben willkommen zu sein, beflügelt. Dies ist die Glut des Lebens, die in jedem von uns glimmt und knistert. Diese Glut nährt den Stoff, aus dem unsere Träume sind und die Hoffnung. Wenn wir die Augen nicht vor dem Leben verschließen, können wir die Rauchzeichen, die von uns zu den Wolken aufsteigen, lesen – auf unendlich vielen Wolken steht geschrieben:

Das Beste kommt erst noch ...

Wie wäre es jetzt, im nächsten Kapitel das, was in Ihnen glimmt und knistert, zu erkunden? Was sind Ihre Sehnsüchte und Lebenswünsche? Entdecken Sie Ihre Blaue Blume! Aber jetzt erst einmal:

STOPP

Das Beste
oder
das Geheimnis der Blauen Blume

Wirklich reich ist, wer mehr Träume in der Seele hat,
als die Wirklichkeit zerstören kann.
Hans Kruppa

Was glimmt, was knistert in Ihnen, welche Lebenswünsche suchen Erfüllung in Ihrem Leben? Erscheint gar hin und wieder etwas in einem blauen Sehnsuchtsschimmer? Oder sticht Sie immer noch der Stachel PSFM gar zu sehr, wodurch Sie nicht zu sich selbst finden und so das Beste noch nicht so richtig in Ihren Blick kommen kann?

Im ersten Teil habe ich Ihnen einige Vorschläge gemacht, wie Sie sich entlasten und mehr Lebensraum verschaffen können. Auch wissen Sie jetzt, dass es Ihnen mit Gelassenheit besser gelingen wird, sich mehr von Ihrem echten Leben zu erlauben. Es gibt jetzt nur noch das Beste für Sie zu tun! Erkunden Sie im Folgenden Ihre Lebenswünsche, zeichnen Sie sich Ihr persönliches Bild vom Besten und entdecken Sie Ihre Blaue Blume (wieder): Ihre Sehnsucht.

Beste Vorsätze – Rückkehr der Zuversicht

Wie war es denn bei Ihnen, was hatten Sie sich für das neue Jahr vorgenommen? Zum Jahreswechsel schauen viele von uns noch einmal auf das vergangene Jahr und fassen beste Vorsätze für das kommende. Fast einem Feuerwerk gleich werden Wünsche geäußert, leuchtend in den Himmel geschossen, zum Universum gesendet oder im Stillen gehütet. Eine recht viel beschäftigte Freundin, nicht nur Mutter zweier Kinder, sondern auch selbst beruflich engagiert und Frau eines liebevollen, beruflich voll ausgelasteten Perfektionisten, schrieb mir Anfang des Jahres Ihre besten Vorsätze: »Wir haben uns auch mehr Spaziergänge, Ruhe, gesunde Ernährung, Freundschaftspflege und noch viele schöne Dinge für dieses Jahr vorgenommen und jetzt müssen wir es nur noch umsetzen.« Wer sie kennt, weiß, dass schon diese E-mail eine Umsetzung dessen ist: Findet sie doch sonst fast keine Zeit zum Schreiben.

Die besten Vorsätze, unsere Wünsche für das neue Jahr, schaffen eine besondere Atmosphäre, sozusagen ein Wunscherfüllungsklima für neue Möglichkeiten und Erfahrungen. Und es scheinen beste Aussichten für uns alle zu bestehen: Die Umfrageinstitute berichten zum Jahresbeginn, dass wir Deutschen vorsichtig optimistisch auf das neue Jahr schauen. Mehr als die Hälfte der Deutschen hat für das Jahr 2007 beste Vorsätze gefasst: Sie wollen mehr Sport treiben, ein Drittel möchte auf ein ausgewogenes Verhältnis von Arbeit- und Privatleben achten und weniger oder nicht mehr rauchen. Ein Viertel will eine Diät machen und mehr Zeit mit der Familie verbringen und ebenso viele haben sich gar vorgenommen, eine neue Arbeit zu finden.

Wir Deutschen scheinen das Stimmungstief überwunden zu haben. Die Frankfurter Allgemeine Zeitung bezeichnet dies gar als »Die Rückkehr der Zuversicht, der Fröhlichkeit«. Ja, wir haben eigentlich allen Grund dazu, unser Leben zu feiern und mit Freude dieses wertvollste aller Geschenke anzunehmen. Und wenn das emotionale Klima in Deutschland so positiv gestimmt ist, fällt es uns auch leichter, unsere persönlichen Wünsche zu erfüllen. Also, beste Aussichten!

Allerdings: Die guten Vorsätze, die wir beherzt in der Silvesternacht fassen, drohen rasch zu entschwinden, wenn wir wieder in den Alltagstrott eingemündet sind. Das Gewohnte zieht uns schnell in die Laufräder, nimmt uns fast den Atem, und wir neigen viel zu schnell dazu, unsere Vorsätze auf das nächste Jahr zu verschieben. Warum? Vielleicht, weil wir doch nicht so tief in uns hineingeschaut und nur Begleiterscheinungen unseres Lebens betrachtet haben, die uns stören. Gut, wenn wir das eine oder andere besser gemacht haben, doch sind wir dann auch wirklich weitergekommen, haben wir uns schon das Beste gegönnt? Werden wir uns das nächste Jahr nicht schon wieder das Gleiche vornehmen wie in den letzten Jahren?

Aus der Quelle für Kraft und Mut, die uns unser eigenes Leben ermöglicht, schöpfen wir dann, wenn wir das, was für uns wertvoll ist, klar bestimmen und uns dafür eindeutig entscheiden. Dabei ist die Frage entscheidend, die Sie schon kennen: Wie will *ich* leben? Ja, es geht um Sie!

Das ist es: Ihr Leben!

Jeder Mensch ist nicht nur er selbst,
er ist auch der einmalige, ganz besondere,
in jedem Fall wichtige und merkwürdige Punkt,
wo die Erscheinungen der Welt sich kreuzen,
nur einmal so und nie wieder.
Hermann Hesse

»Nur einmal und nie wieder«! Ja, so wie Sie sind, gibt es keinen anderen Menschen – und so einen wird es auch nicht mehr geben. Auf jeden Fall ist jeder von uns einmalig, unvergleichlich, etwas Besonderes – und äußerst merkwürdig. Allerdings mögen wir gar nicht gerne an das, was unser Leben so wertvoll macht, denken: die Endlichkeit des Lebens. Zugegeben, der Gedanke, dass mein Leben einmal enden wird, war lange auch kein Thema für mich. Seit ich mich aber mit dem natürlichen Gang alles Lebendigen in meiner Beratungs- und Schreibarbeit intensiver beschäftigte und in meinen persönlichen Kreisen die »Einschläge näher rückten« – wie der Tod meines Vaters sowie gleichaltriger und jüngerer Bekannter und Freunde sowie von Idolen aus der Musikszene –, schätze ich das Geschenk meines Lebens noch mehr. Dieses Buch verstehe ich auch als ein Ausdruck meiner Liebe zum Leben.

Rennen Sie etwa auch noch durch Ihr Leben, als wären Sie auf der Flucht? Lassen Sie sich von dem Stachel PSFM allzu sehr pieksen? Empfinden Sie Ihr Leben als zu schwer? Glauben Sie, Ihr Leben würde durch Druck und Schnelligkeit länger, ja, ewig dauern? Natürlich gehört zu einem vollen Leben auch die Bewältigung schwieriger Situationen, die Mischung aus Schönem und Mangelhaftem. Doch wie Sie wissen, können wir all diese durch Gelassenheit meistern. Und eine weitere Kraftquelle für unser Bestes sind unsere Lebenswünsche:

Wünschen Sie sich etwas mehr: Das Beste!

Jeder Tag bringt seine Geschenke mit,
man braucht sie nur auszupacken.
Albert Schweitzer

Wir haben doch alle tausend Gründe, warum wir zu dem, was wir eigentlich machen wollen, nicht kommen. Häufig nennen wir die Umstände, andere Menschen, die uns nicht zu uns kommen lassen, oder wir meinen, dass die Situation noch nicht richtig sei. Häufig fehlt es uns aber schlicht an Zeit. Es stimmt ja auch irgendwie – doch Hand auf's Herz: Wissen Sie wirklich, was wichtig, was das Wertvollste in Ihrem Leben ist? Was ist das Beste für Sie und welchen Stellenwert hat es in Ihrem Handeln? Wann haben Sie sich zuletzt Zeit dafür genommen, über das nachzudenken, wonach Sie sich schon so lange sehnen? Was haben Sie bisher dafür getan, um diese Sehnsucht zu stillen? Wie bewusst sind Ihnen Ihre persönlichen Wünsche, was ist für Sie wirklich wertvoll?

Aber vielleicht wissen Sie gar, was Ihnen wertvoll ist, wollen dieses jedoch als etwas Besonderes für einen späteren Zeitpunkt aufheben? Eine Geschichte, die schon vor einigen Jahren als E-mail bei Tausenden die Runde machte, gibt für diesen Fall eine Antwort. Vielleicht kennen Sie die Geschichte ja auch. Es geht dabei um eine Frau, die etwas ganz Besonderes in ihrer Kommodenschublade verbarg, ein ausnehmend hübsch verpacktes Päckchen. Ihr Mann nahm dieses heraus und öffnete es: Er hielt Dessous in seinen Händen. Er erinnerte sich, dass er diese seiner Frau schon vor einigen Jahren kaufte, als sie gemeinsam zum ersten Mal in New York waren. Doch getragen hat sie diese nie. Für eine besondere Gelegenheit hatte sie sie verpackt in die Schublade gelegt. Der Mann betrachtete die Seide und Spitze liebevoll, aber traurig – und meinte, dass jetzt der richtige Augenblick gekommen sei, das Päckchen aus der Schublade zu nehmen. Seine Frau war gestorben. Er legte es zu den anderen Dingen, die vom Bestattungsunternehmer mitgenommen wurden …

Nein, unsere Wünsche, unsere Sehnsüchte gehören in keine Schublade, die wir erst dann öffnen, wenn wir meinen, es sei ein besonderer Tag oder Anlass! Es ist besser für uns, vor dem Sterben zu leben, uns selbst und andere zu erleben. Ja, jeder Tag ist ein besonderer Anlass, denn die Tage unseres Lebens sind kostbar, wir haben ja nicht unendlich viele davon. Wann sie enden, weiß keiner, da niemand sein Verfallsdatum aufgestempelt hat. Und in jedem Lebensalter wird gestorben. Wir sollten also die uns gegebene Zeit gut nutzen. Denn nicht die Endlichkeit unseres Lebens ist des Pudels Kern, sondern die Tatsache, dass nicht wenige erst recht spät oder gar nicht erkennen, was für sie in ihrem Leben wertvoll und wirklich wichtig ist. Das ist es: Ihr Leben!

Im Hier und Jetzt zu leben, widerspricht nicht der Auffassung, auch an Morgen zu denken. Jedoch, wer sich immer nur auf den Augenblick konzentriert, hat vielleicht gar aufgehört zu *werden*. Aber es geht letztlich um ein Sowohl-als-auch. Unser Leben findet im Augenblick statt – und dort sollten wir auch mit unserer Achtsamkeit wirklich sein. Doch zu wissen, dass es noch mehr Tage geben kann, sollte uns gelassener leben lassen. Wie wäre es, heute noch einmal darüber nachzudenken, was für Sie das Beste wäre?

Lebenswünsche – Herzenswünsche

Sich etwas wünschen bedeutet, etwas anzustreben oder zu begehren, was fehlt, was man noch nicht sein Eigen nennen kann, was noch unerfüllt ist. Wenn es Herzenswünsche sind, sehnen wir uns danach, weil wir uns nur so vorstellen können, vollkommen bei uns selbst zu sein.

Es kann aber auch sein, dass uns etwas zu viel geworden ist, dann neigen wir schon einmal dazu, jemanden die Pest an den Hals zu wünschen. Nun, wir bleiben hier aber konstruktiv und freundlich; denn wenn wir anderen so etwas wünschen, haben wir uns selbst zu viel aufgebürdet. Das hätten wir doch schon länger abschütteln bzw. herausziehen sollen. Sie wissen schon ...

Wünsche, wohlverstanden, sind Lebenselixiere, die uns nach dem Besseren in unserem Leben streben lassen. Sie sind gleich Eisen im Feuer des Lebens und wollen geschmiedet werden. Wünsche, die wir uns bewusst gemacht haben und die wirklich unsere eigenen sind, können uns große Kraft verleihen. Sie sind Quellen unserer Lebensgestaltung, unseres eigenen Lebens – für unser Bestes. Unerfüllte Wünsche bahnen uns den Weg in ein neues Leben. Mit unseren Lebenswünschen beschreiben wir, wie wir leben wollen und was wir hierzu brauchen. Diese Wünsche gründen in unserem Herzen, sind nicht durch ein Haben-, sondern durch ein Sein-Wollen bestimmt.

So viel man sich auch wünschen mag, es gibt doch Prioritäten. Gesundheit steht sicher bei jedem ganz oben an. Es gibt recht unterschiedliche Wunschvorstellungen hinsichtlich Beruf, Partnerschaft, Wohnsituation, Anschaffungen u.a. ... Auch Kinderwünsche sind ja verschieden ausgeprägt. So ist das in einer sich freiheitlich verstehenden Gesellschaft. Jeder kann sich wünschen, was er will. Und es soll ja gar einige wunschlos Glückliche unter uns geben.

Jedoch, es gibt auch Wünsche, die durch die Meinung und Vorstellung anderer hervorgerufen werden, an die wir zu glauben gelernt haben. Nicht alles davon ist schlecht für uns. Wie war das doch noch bei unseren Eltern – die wollten doch auch immer nur das Beste für uns. Und Glaubensrichtungen, die Liebe und Frieden zwischen allen Menschen wünschen, dienen auch dem Besten.

Aber es gibt Wünsche anderer, die uns gar nicht gut tun. Dabei handelt es sich um Erwartungshaltungen, die uns nicht zu uns kommen lassen. Es sind Lebenskonzepte anderer, nach denen wir nur funktionieren sollen: beruflich wie privat. Wenn wir diesen folgen, ohne sie zu hinterfragen, kann unser eigenes Leben beschränkt werden. Vor allem wenn wir glauben, Liebe und Anerkennung nur dadurch zu erhalten, dass wir so sind, wie es andere von uns erwarten. Ja, der Stachel PSFM piekt dann schmerzhaft. Wenn Sie sich Ihre eigenen Lebenswünsche klarer machen, schaffen Sie sich damit eine Kraftquelle, mit deren Hilfe Sie dem Stachel endgültig Lebewohl sagen können.

So erkennen Sie Ihre Lebenswünsche

Unsere Wünsche gründen letztlich in unserer Sehnsucht nach der Bestätigung, in diesem Leben willkommen zu sein: Coming Home! Ja, wir wissen es doch alle: Wir wünschen uns Liebe und Anerkennung – und Lebendigkeit. Eigentlich gar nicht einmal so kompliziert, worum es bei all unserem Streben geht. Aber wir sind ja Menschen – lassen uns verwirren, verlaufen uns – und wir Deutschen sind viel zu gehorsam und machen es uns häufig zu schwer, kritisieren alles und jeden (vor allem uns selbst). Aber vielleicht wünschen Sie sich ja, nicht mehr allzu viel zu grübeln und wollen in Ihrem Leben mehr Raum für das Beste schaffen?! (Ich gehe einmal davon aus: Warum hätten Sie sich sonst dieses Buch gegönnt?)

Es ist gut, dass Sie Ihr Laufrad etwas angehalten haben – und falls da doch noch einige Zahnräder laufen sollten, weil

Sie unbedingt gleich dies oder jenes tun müssen, stoppen Sie diese Gedanken und erlauben Sie sich jetzt, sich Ihre wirklichen Lebenswünsche klar zu machen. Denn das, was Ihnen wirklich im Leben wichtig ist, können Sie kaum mit Ihrem Kopf erfassen. Nur Ihr Herz kann Ihnen davon eine Ahnung vermitteln. Haben Sie den Kontakt zu Ihrem Herzen erst hergestellt, können Sie sicher sein, dass sich Ihre Lebenswünsche zeigen.

STOPP

Sie erinnern sich? Und einige achtsame Atemzüge tun Ihnen sicher gut …

Haben Sie sich etwas entspannt? Gestatten Sie mir jetzt eine vielleicht etwas makaber anmutende Frage: Was soll auf Ihrem Grabstein stehen?

Wie fühlt sich diese Frage an? Wenn Ihnen spontan ein Satz, ein Wort oder auch ein Symbol eingefallen sein sollte, dann notieren Sie sich dies doch bitte. Denn darauf läuft derzeit Ihr Leben hinaus.

Falls Ihnen hierzu gar nichts eingefallen ist oder Sie sich gegen so eine Frage wehren, stellen Sie sich die Frage zu einem späteren Zeitpunkt noch einmal. Doch nicht allzu spät. Letztlich geht es darum herauszufinden, was *für Sie* wertvoll im Leben ist und wie sich dies in Ihrem Handeln und in Ihrer Lebensweise widerspiegelt. Stellen Sie sich jetzt folgende Fragen:

- Wie wollen Sie leben?
- Welche Art von Mensch wollen Sie sein?
- Was brauchen Sie hierzu?
- Worauf würden Sie hierfür verzichten?

Wenn Sie diese Fragen ehrlich beantworten können, dürfte es nicht schwer sein herauszufinden, was Sie wirklich brauchen und Ihre persönlichen Wünsche zu formulieren.

Schauen Sie sich zur Unterstützung eines Ihrer Kinderfotos an, am besten eins, mit dem Sie ein schönes, besonderes Erlebnis verbinden können. Und dann stellen Sie sich diese Fragen.

Belassen Sie es nicht bei einer einmaligen Bestimmung Ihrer Wünsche. Nichts ist beständiger als der Wandel. Schließlich verändern wir uns ja, und durch unsere Erfahrungen werden Korrekturen auf unserem Lebensweg notwendig. Erlauben Sie sich zumindest einmal im Jahr einen Blick auf Ihre Lebenswünsche und was Sie für deren Umsetzung getan und dabei erfahren haben. Fragen Sie sich, ob Sie Ihre Wünsche leben oder nur davon träumen. Unsere konkreten Lebenswünsche sind der Schlüssel, mit denen es uns gelingen kann, unser Leben zu verändern. Und da das Beste erst noch kommen wird, verleihen wir unseren Wünschen einen seelischen Antrieb: Flügel, die uns über den Tag hinaus unser Bestes erhoffen und ein neues Leben beginnen lassen. Das sollten wir uns erlauben.

So werden Wünsche wahr

Es klopft an Ihrer Tür, Sie öffnen und ein wunderbares Wesen tritt ein. Der Raum ist erfüllt mit frischem Rosenduft und das Licht schimmert unwirklich bläulich. Eine wundersame Bergfee erinnert Sie an eine Begebenheit, in der Sie schlicht und einfach besonders freundlich zu jemandem waren. Sie sagt zu Ihnen: »Ich bin gekommen, um Dir drei Wünsche zu erfüllen.« Jetzt stehen Sie da: Was würden Sie sich wünschen?

Falls Sie spontan drei Wünsche äußern können, sind es die, nach deren Erfüllung Sie sich besonders sehnen. Doch Vorsicht: Wünsche sollten gut überlegt sein; denn sie könnten sich ja erfüllen, sonst ergeht es Ihnen wie dem sagenhaften König Midas mit dem Gold. In der griechischen Mythologie wird von dem mächtigen König von Phrygien erzählt, dem Dionysos (auch als Bacchus bekannt) einen Wunsch erfüllte. Midas hatte dessen engen Gefährten Silen freundlich und ehrenvoll behandelt, als seine Landsleute den volltrunkenen Silen vor ihn brachten und sich über ihn lustig machten. Als Dionysos seinen Gefährten wieder wohlbehalten zurückhatte, gewährte er Midas die Erfüllung eines Wunsches. Er wies ihn aber darauf hin, dass er seinen Wunsch nicht zurücknehmen könne. Midas wollte, dass alles, was er berührt, zu Gold wird. Und tatsächlich, was er berührte, wurde zu reinem Gold! Ob er einen Stein aufhob oder seine Gewänder berührte – alles wurde Gold. Welch ein Glück!

Aber, oh weh! Seine Frau war zur goldenen Statue erstarrt und auch seine Nahrung und Getränke verwandelten sich in Gold. Der König drohte unter Liebesentzug zu verdorren, zu verhungern und zu verdursten. Er bat Dionysos, die Erfüllung seines Wunsches rückgängig zu machen. Der Gott des Weines war gnädig und gewährte Midas diesen Wunsch, wenn er im Fluss Paktolos baden und den Zauber abwaschen würde. Dies tat er – übrigens ist seitdem im Fluss Paktolos Gold zu finden …

Wir sollten also genau wissen, ob das, was wir uns wünschen, auch das Beste für uns ist. Und so unromantisch und wenig märchenhaft es klingen mag: Jeder ist sein eigener Wunscherfüllungs-Meister, jeder ist seines Glückes Schmied. Glück ist eben kein Zufall!

Gerade das, was wir uns aus tiefstem Herzen wünschen, können wir nicht kaufen und leider auch nicht von anderen erwarten. Natürlich können wir uns alles Mögliche und Unmögliche wünschen, selbst im Universum die Wunscherfüllung bestellen und Wunschzettel an Luftballons hängen und sie fliegen lassen. Doch sollten wir nicht vergessen, hin und wieder in einen Spiegel zu schauen und uns am Lächeln desjenigen zu erfreuen, der unsere Wünsche wahr machen kann: Das sind wir selbst. Und falls gerade im Hintergrund ein Mensch wahrzunehmen ist, den wir lieben – schenken wir ihm auch ein Lächeln … es kommt sicher zurück und schon ist wieder ein Wunsch erfüllt.

Ja, jeder von uns ist wunderbar, einzigartig und fähig, sein Bestes im Leben zu erfahren und umzusetzen. Auch ist es nun einmal so, dass sich manche Wünsche nur im Traum erfüllen – aber möglicherweise ist es sogar besser, diese nicht in der Realität zu erleben.

Um selbst Wunscherfüllungs-Meister zu sein, bedarf es nur zweierlei:

Erstens: Machen Sie sich klar, warum Sie etwas anstreben und wozu Sie es brauchen.

Zweitens: Äußern Sie frei Ihre Wünsche anderen gegenüber; stehen Sie zu dem, was Sie wollen.

Doch wir dürfen nicht erwarten, dass andere uns unsere Wünsche von den Augen oder den Lippen ablesen (zumindest nicht alle Wünsche), sonst entsteht Erwartungsdruck – bei uns und bei den anderen. Wer weiß, was wir uns wünschen, weiß auch, was uns wichtig ist. Doch ob diese Personen dazu beitragen wollen, dass unsere Wünsche wahr werden, entscheiden sie selbst. Und uns geht es ja auch nicht anders. Erwartungsdruck ist, wie Sie ja wissen, kein guter Wunscherfüllungs-Gehilfe. Und was ist mit dem Ehrgeiz?

Wahrscheinlich haben Sie sich schon gefragt, ob bei einer gelassenen Lebenseinstellung der Ehrgeiz, nach seinem Besten zu streben und seine Wünsche zu erfüllen, nicht schädlich ist?

Ein ehrgeiziger Mensch wird ja in den Laufrädern durchaus sehr gerne gesehen, denn er gilt als hoch motiviert und vorbildlich. Das ist zunächst nichts Schlechtes. Es ist normal, seine Ziele konsequent und eifrig zu verfolgen. Es geht ja nicht um Gleichgültigkeit. Dennoch sind wohl die wenigsten von uns Hochleistungssportler, die ständig unter dem Druck stehen, Grenzen überschreiten zu wollen. Aber auch beim Ehrgeiz ist Achtsamkeit angesagt. Denn lässt man sich den Begriff Ehrgeiz einmal »auf der Zunge zergehen«, bleibt möglicherweise doch kein guter Nachgeschmack: Sollen wir gar bei der Verfolgung unserer Wünsche und Ziele mit der Ehre geizen? Der Wortursprung im Mittelalter meint jedoch »nach Ehre gieren«. Klingt auch nicht so gut, wird doch mit dem Wort ein übersteigertes Geltungsbedürfnis zum Ausdruck gebracht. Ehrgeiz wird heute als das Bestreben definiert, andere durch besondere eigene Leistungen zu übertreffen. Warum auch nicht?! Ehrgeizige Menschen streben nach mehr Ruhm, Erfolg, Anerkennung, Autorität, Geld, ja, nach mehr Ehre als andere. Sie wollen sich gegenüber anderen hervorheben, wollen herausragen. Ihr Selbstwertgefühl fordert sozusagen ein gesteigertes Engagement, um die selbst gesteckten Ziele zu erreichen und Konkurrenten zu übertreffen, zu besiegen. Das ist ja nichts Verwerfliches, vielleicht etwas sehr anstrengend, doch deren Entscheidung.

Aber wenn Eitelkeit und Geltungssucht die Antriebsfedern für den Ehrgeiz sind, ist es sicherlich nicht zum Besten für die anderen – aber auch nicht für den Ehrgeizigen selbst. Vor allem wenn das Streben dahin geht, die Mitmenschen in den Schatten zu stellen, ihren Lebensraum zu beschränken oder durch Intrigen und Mobbing zu verdrängen. Wenn dem so ist, hat sich der Stachel PSFM stark entzündet und man verliert vor lauter Ehrgeiz gar sein Bestes aus den Augen. Dann ist Ehrgeiz ungesund. Gegen gesunden Ehrgeiz ist aber nichts zu sagen: Ehrgeiz ist durchaus eine Energiequelle für Ihr Durchhaltevermögen und Ihre Zielstrebigkeit, das Beste zu erreichen. Ja, Bestleistungen, in welchem Bereich auch immer, brauchen gar eine gesunde Portion Ehrgeiz. (Und dieser Ehrgeiz gründet in unserer Sehnsucht und Hoffnung. Hierzu mehr bei der Blauen Blume …)

Streben Sie also gelassen nach der Erfüllung Ihrer Lebenswünsche. Der Schriftsteller Charles Bukowski meinte einmal, dass er sicher keinen großen Ehrgeiz habe, aber es sollte auch für Menschen ohne Ehrgeiz einen Platz geben. Nun denn, seine Bücher finde ich aber ehrgeizig und konsequent …

Wenn man etwas Besonderes kann und will, sollte man es auch ins Licht bringen. Bestleistungen bringen auch anderen etwas. Stellen Sie also Ihr Licht, das sind vor allem Ihre persönlichen Gaben und Lebenswünsche, nicht unter den Scheffel.

Nelson Mandela hebt in seiner berühmten Rede zu seinem Amtsantritt (1994) hervor: »Es ist unser Licht, das uns am meisten Angst macht, und nicht unsere Dunkelheit.« Die größte Angst der Menschen gründe nicht darin, nichts zu taugen oder unfähig zu sein, sondern es sei vielmehr die Angst, maßlos stark zu sein. Es liege jedoch nichts Großartiges darin, sich selbst kleinzumachen; dann würden sich andere Menschen in unserer Nähe nur unwohl fühlen, da wir nicht echt sind. Wenn wir aber unser eigenes Licht leuchten ließen, würde dies auch andere Menschen dazu ermutigen. Soweit Nelson Mandela. Also, seien Sie mutig und großzügig beim Ausstellen Ihrer Erlaubnisscheine und Wunschzettel!

Vielleicht fragen Sie sich jetzt: »Darf ich mich denn überhaupt so wichtig nehmen? Darf ich mir überhaupt meine Herzens-Wünsche erfüllen? Bin ich dann kein Egoist?«

Wie heißt es doch selbst in der Bibel? Liebe deinen nächsten wie dich selbst! Also etwas Egoismus brauchen wir alle. Allerdings einen Egoismus, der Selbstliebe mit Nächstenliebe verbindet. Wer sein Ego verdrängt, lernt seine wirklichen Bedürfnisse nie kennen. Wir müssen uns schon erlauben, auch unser Ego anzunehmen, wie sollte man es sonst überwinden können? Das Gute an der Unvollkommenheit der Welt ist ja, dass wir unser Ego daran schleifen können. Das Ego ist eine Wahrnehmungs- und Mittlerinstanz unserer Psyche; ohne unser Ego wären wir eine willenlose, knetbare Masse. Erst unser Ego offenbart das, was wir in unserem Leben wirklich wollen, was uns wichtig ist. Und jeder hat ein Lebensrecht, auch egoistisch zu sein. Wer seine eigenen Lebenswünsche offen äußert, ist nicht selbstsüchtig, sondern gibt dadurch erst seinem Mitmenschen die Chance, ihn wirklich zu verstehen und kennenzulernen. Und auch er selbst lernt sich hierbei mehr und mehr kennen und kann seine Lebensmöglichkeiten erkunden. Denn nicht jedem wird es ins Konzept passen, was wir wollen …

Allerdings: Wille, Entschlossenheit und Mut gehören dazu. Der *Wille* ist ein uns bewusst gewordener Wunsch. Er ist die treibende Kraft, das Beste für uns in der Zukunft heute schon zu verwirklichen. (Die acht Schritte für ein gelassenes Leben im dritten Teil regen Sie hierzu an.) Lucius Annaeus Seneca, der große römische Philosoph, Politiker und Poet meint: »Nicht weil die Dinge unerreichbar sind, wagen wir sie nicht, weil wir sie nicht wagen, bleiben Sie unerreichbar.« So ist es wohl. Stellen Sie Ihr Licht also nicht unter den Scheffel. Seien Sie sicher, Sie sind es wert, geliebt zu werden und Ihr Leben zu lieben. Und ebenso sicher können Sie sein, dass Sie es sich schon verdient haben!

Uns selbst tut es übrigens auch gut, anderen das Beste zu wünschen. Dann sind auch diese mit ihrer Wunscherfüllung beschäftigt – und umso mehr Zufriedenheit erleben wir miteinander. Sie sind schon wunschlos glücklich?

Wenn ja, dann freue ich mich für Sie, aber gestatten Sie mir, es Ihnen nicht so ganz zu glauben.

Natürlich, alles braucht und hat seine Zeit. Sind Ihnen Ihre Herzenswünsche bewusst, wissen Sie also, was Sie wirklich in diesem Leben wollen, werden Sie auch all die Mühen und Herausforderungen auf Ihrem Lebensweg meistern; denn dann besitzen Sie ein echtes Vermögen: *Unterscheidungsvermögen.* Sie sind in der Lage, zwischen Wichtigem und Unwichtigem zu unterscheiden. Letzteres können Sie getrost loslassen und brauchen keine Lebensenergie mehr daran zu verschwenden.

Jeder Mensch ist ein Universum an Lebenswünschen, die nach Erfüllung streben. Aber vielleicht *müssen* wir doch etwas: uns erlauben zu zaubern, ja, etwas verzaubern, damit unsere Wünsche wahr werden – zum Beispiel mit einem Lächeln ... und, oh Wunder, wir erhalten ein Lächeln zurück, da, wo wir am wenigsten damit rechnen. Ja, so einfach kann es sein, und das Beste, was uns passieren kann, kommt häufig gänzlich unerwartet.

Noch etwas: Oscar Wilde lässt in »Lady Windermeres Fächer« jemanden sagen: »Es gibt im Leben zwei Tragödien. Die eine ist die Nichterfüllung eines Herzenswunsches. Die andere ist seine Erfüllung. Von den beiden ist die zweite bei Weitem die tragischere.«

So ist es wohl: Wir sollten Fortuna, die Glücks- und Schicksalsgöttin, deren Lächeln sich bei der Wunscherfüllung spiegelt, auch aushalten können. Was nützt uns das Beste, wenn wir uns nicht erfreuen und genießen können, wir uns nicht berauschen, erregen, entzücken, begeistern, bezaubern lassen können. Leidenschaft ist unser Funken, der das Beste für uns entzündet und uns lebendig fühlen lässt. Auf all das, was Leiden schafft, können wir mehr und mehr verzichten, wenn wir genau auf uns selbst und unser Leben schauen. Wie das genau aussehen könnte, erfahren Sie im nächsten Kapitel. Jedenfalls gelangen Sie mit einer gelassenen Art zu leben auch zu Ihrer Glücksfähigkeit.

So weit, so gut: was das Beste bedeutet

Ja, wir sind es selbst, die unser Bestes häufig vergessen, sei es, weil wir uns zu sehr unter Druck setzen (lassen), nicht richtig hinschauen oder es uns einfach nicht erlauben. Aber eigentlich braucht es gar nicht viel, um unser Bestes im Leben zu erfahren: Vielleicht etwas mehr Zufriedenheit, dafür weniger Perfektionismus, etwas mehr Zuversicht, dafür weniger Zukunftsängste, etwas mehr Gelassenheit, dafür weniger Druck, Belastung und Anspannung, außerdem etwas mehr Klarheit über unsere Lebenswünsche, dafür weniger Ablenkung von dem, was uns wirklich wichtig ist: Weniger ist mehr. Was für Sie persönlich das Beste ist, kann Ihnen keiner sagen. Auch ich habe das nicht vor, das ist nämlich besser für mich. Mögen Ihnen die folgenden Hinweise als Wegweiser dienen:

Für den Schauspieler Gérard Depardieu soll das Beste, was er sich vorstellen könne, sein, sich drei Monate ins Delirium zu trinken – und dann zu explodieren (so ein Bericht von Bayern3-Radio am 10. Januar 2007).

Der bereits oben erwähnte Silen, durch den König Midas von Dionysos seinen Gold-Wunsch erfüllt bekam, bedankte sich auch bei Midas auf seine Weise. Er eröffnete ihm sein Geheimnis: Für jeden Menschen sei es das Beste, nicht geboren zu werden oder möglichst früh zu sterben ...

Die Band Silbermond schnellte gar mit ihrem (wunderschönen) Liebeslied »Das Beste« hoch in die Charts. Darin heißt es: »Du bist das Beste, was mir je passiert ist.« Ach, wie schön! Für den Musiker Stephan Remmler ist klar, er singt: »Einer muss der Beste sein«, und hat auch schon die Antwort: »Ich ich ich«, und weiter: »Alles für mich – ich bin der strahlende Held, der mir gefällt – ich bin der Nabel der Welt – ich bin der Beste überall!«

Nun ja – mit dem Besten verbinden sich höchst subjektive Vorstellungen. Was andere für ihr Bestes halten, muss es für Sie nicht sein. Eins verbindet sich aber mit dem Besten, gleichgültig, was es sein mag: Erfüllung, Befriedigung, Entspannung, vielleicht gar ein Hoch- und Glücksgefühl, das uns diese Erfahrung schenkt. In jedem Fall erfahren wir unser Bestes nur auf unserem eigenen Lebensweg und es spiegelt sich in unserer Lebensqualität. Und wenn dem nicht so ist, brauchen wir einen neuen Weg, ein neues Leben. Das Beste ist für uns selten etwas Großartiges, Fantastisches oder Fernes. Nicht einmal ein Wunder oder ein besonderer Mensch muss es sein. Das Beste ist schlicht das, was für Sie persönlich wertvoll ist, weil es Ihnen, wenn auch nur für einen Moment, das Gefühl gibt, voll und ganz auf diesem Planeten willkommen, angekommen zu sein.

Und wenn wir dann auch noch glauben, das *Allerbeste* für uns zu erfahren – vielleicht mit einer anderen Person –, erleben wir den Himmel auf Erden: eine Sekunde der Ewigkeit, in der wir ganz in unserem eigenen Leben sind. Das ist dann wohl die Erfahrung der Liebe.

Woran erkennen Sie also, was das Beste für Sie ist?

- Es spiegelt etwas von Ihrer Sehnsucht wider.
- Es ist für Sie wertvoll.

- Es ist das, was Sie sich von ganzem Herzen wünschen.
- Es tut Ihnen gut und Sie wissen auch, warum.
- Es macht Sie glücklich, sei es auch nur für einen Moment.
- Es kommt häufig völlig überraschend.
- Es ist etwas, was Sie sich verdient haben.
- Es hat auf Sie gewartet.
- Es ist etwas, was Sie nicht ein für allemal erleben können.

Und das Wesensmerkmal des Besten, was immer es auch sein mag, ist: Es bringt Sie näher an Sie selbst heran, lässt Sie authentisch, ja, echt sein und Ihre Lebendigkeit fühlen. Und wenn Sie wollen, können Sie der werden, der Sie sind. Damit beschreibe ich keinen hehren, hochgeschraubten Anspruch oder gar Erwartungsdruck, das wollen wir ja nicht mehr. Sondern mit dem Wunsch nach dem Besten wird eine schlichte Wahrheit beschrieben, die besagt, dass das Beste für uns unsere Aufmerksamkeit braucht, um wahrgenommen, um angenommen zu werden. Wir achten so auf die Qualität unseres Lebens und unsere Lebenszufriedenheit.

»Das Beste kommt erst noch« ist kein Ausdruck einer mangelhaften Gegenwart und bedeutet schon gar nicht, dass irgendetwas unbedingt sein muss! Es ist Ausdruck von unbändigem Lebensgenuss. Es ist kein Wunschdenken, denn wir machen uns nichts vor, sondern nehmen das Geschenk unseres Lebens ernst. Natürlich ist hier auch der Wunsch der Vater des Gedankens, aber zugleich wissen wir um die Mutter: wie sollte sonst das Beste für uns fruchtbar werden?

»Das Beste kommt erst noch« ist auch eine Liebeserklärung an das Älterwerden, das schon mit der Geburt beginnt; denn unser Leben ist bis zu unserem Abschied ein Werden. Dabei gilt das, was der römische Dichter Horaz schon vor Christi Geburt empfahl: Carpe Diem – nutze den Tag! Doch Morgen könnte ja auch noch einer sein, der gelebt und geliebt werden will – und der könnte gar für Sie das Beste bringen. Gehen Sie doch einfach davon aus.

Doch Obacht: Wer mit neuen Zielen und im Bewusstsein des Besten für sich seine Anspruchshaltungen übersteigert, ja, dem Morgen rastlos entgegenrennt, ist leider wieder zurückgefallen. Auch wenn er es nicht merkt, er läuft rückwärts. Er hat sich einen neuen Stachel ins Fleisch gedrückt: Selbstsucht. Dies ist jedoch etwas anderes als Selbstliebe. Passen Sie also gut auf sich auf, das ist auf jeden Fall zu Ihrem Besten.

STOPP

Jetzt wäre wieder ein wunderbarer Augenblick, sich völlig gehen zu lassen – wo immer Sie auch sind, strecken Sie sich aus, atmen Sie tief aus und ein, springen Sie etwas umher, trinken Sie etwas, mit oder ohne Alkohol – oder machen Sie gar nichts. Bleiben Sie aber neugierig – denn gleich wird es recht märchenhaft.

Sehnsuchtsvoll

Sehnsucht ist die einzige
ehrliche Eigenschaft aller Menschen.
Ernst Bloch

Erst, wenn wir unsere Sehnsüchte ernst nehmen und uns erlauben, sie ehrlich kennenzulernen, wissen wir, was für uns das Beste ist. Sehnsüchte richten sich auf das, was war oder noch nicht ist. Wer denkt nicht einmal sehnsuchtsvoll an schöne Erlebnisse und gute Stimmungen eines Urlaubs zurück, an das Lächeln, die Berührung und das gegenseitige Verständnis von und mit anderen, an Klänge, Musik, Farben und Düfte voller Geheimnisse. Wenn der Blick dann auf besondere Mitbringsel fällt, spüren wir die Energie dessen, was gerade nicht da ist, aber lebendig in uns lebt. Sehnsüchte lassen uns spüren, was wir vermissen oder aber erinnern uns an das, was wir

Schönes empfunden haben, was für uns wertvoll ist. Wohlgefühle, Sehnsüchte halten das wach, was für uns ein gelungenes, echtes Leben bedeutet, wo wir voll und ganz sein können. Sie sind Wegweiser hin zu einem neuen Leben, dorthin, wo es für uns stimmig ist, wo wir authentisch sind; zu dem, was uns gut tut. Erinnern Sie sich an die Einleitung: »Vergiss das Beste nicht!«?

Aber in unseren Laufrädern und beim Funktionieren-Müssen hat unsere Sehnsucht kaum Raum oder ist gar unter die Räder gekommen. Wie ist es denn bei Ihnen?

- Was ist es, wonach sich Ihr Herz sehnt?
- Nach wem verlangt es Sie?
- Bei welchen Gedanken fühlt sich Ihr Herz schwer an?
- Wann wird es Ihnen warm ums Herz?
- Wann fängt Ihr Herz schneller zu schlagen an?
- Was löst in Ihnen gar das Verlangen aus, am liebsten auf der Stelle dorthin loszustürzen?
- Wovon träumen Sie?

STOPP

Sehnsucht ist ein tiefgründiges Gefühl. Fühlen Sie einfach in sich hinein. Vielleicht wollen Sie sich Notizen machen: Stichpunkte zu dem, wonach Sie sich sehnen!?

Warum das lebenswichtig ist: Es ist schon besser, zu wissen, was sich in uns an Sehnsüchten meldet und ans Tageslicht zu drängen versucht. Sonst begleiten uns ein Leben lang unbestimmte, eher schlechte Gefühle. In unseren Sehnsüchten liegt die Quelle unserer Lebenswünsche, unserer Vorstellungen von einem wahren Leben. Unsere Sehnsüchte enthalten die Substanz, aus der unser eigenes Leben aufgebaut, entwickelt werden kann. Daher ist es so wichtig herauszufinden, ob die Ziele, die ich anstrebe, auch wirklich meine eigenen sind, also meinen Sehnsüchten entstammen. Wer seine Sehnsüchte kennt, weiß, was für ihn wertvoll ist, wie und wo er sich lebendig fühlt. Im Zen heißt es, dass viele Menschen im Traum sterben – sie leben also nicht ihre Träume, sondern träumen ihr Leben. Sie verschlafen quasi ihr Leben und ihre Sehnsucht wird ungestillt bleiben.

Aber wir können aufwachen hin zum vollen Leben! Darum geht es ja in diesem Buch. Der Stachel PSFM hält uns zwar auf Trab, im Laufrad. Wir können jedoch das Kraftzentrum für unser eigenes Leben – unsere Sehnsucht – aktivieren. Wenn Sie Ihre Lebenswünsche schon geklärt haben, sind Sie Ihren Sehnsüchten begegnet. Sie wissen dann eher, was Sie wollen. Vielleicht haben Sie sich ja auch zutiefst menschliche Sehnsüchte notiert, wie die nach Anerkennung, nach einem bestimmten Menschen oder schlicht nach Geborgenheit. Vielleicht ist es auch ein Leben in einem anderen Land – oder der Wunsch, einfach nur so in den Tag zu leben, ohne Wenn-und-Aber. Unsere größte Sehnsucht ist aber wohl die nach dem Paradies.

Wenn wir aber beginnen, uns vor Sehn-Sucht zu verzehren, können wir daran zerbrechen. Wenn unser Sehnen zur Sucht wird, wollen wir unser Leben nicht wahrhaben, schauen wir weg und gehen womöglich unserer Lebensrealität aus dem Weg. Dann droht uns schließlich die »Endstation Sehnsucht« auf unserem Lebensweg. Warum? Weil das, was wir ersehnen, uns gar nicht klar geworden, sondern nur ein unbestimmtes, häufig trauriges Gefühl ist. Wir haben uns dann treiben lassen, uns abhängig von anderen gemacht, unser Leben nicht selbst in die Hand nehmen wollen.

Die Sehnsucht will ernst genommen und gestillt werden, sie braucht unsere Ehrlichkeit und unseren Gestaltungswillen. Ja, wir sind für unsere Sehnsucht verantwortlich, wie für unser Glück. Sehnsucht ist unser Lebensfunken, will das Feuer unseres Lebens entzünden: unser eigenes Leben, einen Neubeginn!

Im ersten Teil erläuterte ich, wie heilsam erlittene Enttäuschungen sein können. Das eigene Leben bedarf schon unseres Mutes und des Versuchs. Irren ist dabei menschlich und hilft uns, immer klarer unser Bestes zu erkennen, und öffnet uns die Tür zu Neuem.

STOPP

Damit Sie Ihr Bestes erkennen können, biete ich Ihnen ein wunderbares Sinnbild an: die Blaue Blume. Diese kann Sie auf ganz andere, neue Gedanken bringen und Ihnen im wahrsten Sinne des Wortes heimleuchten. *Bleiben Sie also offen für das Wunder Ihres eigenen Lebens. Wie wäre es jetzt, ein wenig den Verstand zu verlieren und dafür etwas mehr Fantasie zu gewinnen?*

Ihre Blaue Blume leuchtet Ihnen heim

Leben allein genügt nicht,
sagte der Schmetterling,
Sonnenschein, Freiheit
und eine kleine Blume muss man haben.
Hans Christian Andersen

Ja, so ist es wohl: Leben ist nichts Anspruchsloses oder Beschränktes, sondern unermesslicher Reichtum mit Sonnenschein, Regen, Unwetter, Freiheit und ... darf es auch eine leuchtend Blaue Blume sein? Möglicherweise ist die einzige Wahrheit, die jeder von uns besitzt, seine Sehnsucht. Wir sind alle Suchende und Schaffende auf unserem Lebensweg – und letztlich ist es Heimat, wonach all unser Streben geht. Wir wollen uns wohlfühlen, ankommen von einer langen, aufreibenden und aufregenden Reise. Dort, wo wir so sein können, wie wir sind, sind wir zu Hause und unsere Sehnsucht kann sich erfüllen. Was uns voranschreiten lässt, ist unser Verlangen nach dem wahren Leben, das sich hoffnungsvoll erfüllt, wenn wir anerkannt werden und Liebe erfahren.

Wenn wir von unserem eigenen Weg abgekommen oder gar allzu lange schon einem fremden Weg gefolgt sind, haben wir wohl das Beste für uns vergessen oder den Glauben daran verloren. Aber es kann wieder besser werden, wenn wir etwas mehr von unseren persönlichen Vermögenswerten in unser Leben investieren:

- *Erinnerungsvermögen:* Erinnern Sie sich immer wieder an das Beste für Sie, das, was Ihnen wirklich gut tut.
- *Wahrnehmungsvermögen:* Achten Sie auf Ihr Bestes, nehmen Sie es wahr, machen Sie es sichtbar.
- *Vorstellungsvermögen:* Überschreiten Sie Ihre bisherigen Gedanken, die sich vielleicht nur auf bekannten, gewohnten Bahnen in Ihrem Leben bewegen. Geben Sie auch Ihrer Fantasie Macht – gönnen Sie sich mehr Einfallsreichtum, erweitern Sie Ihren Gesichtskreis. (Hierzu wird Ihnen die Blaue Blume einen Weg aufzeigen.)

Die Blaue Blume kann Ihnen als eine beflügelnde Kraftquelle dienen, die Sie auf Ihrem Weg zum Besten begleitet und immer wieder an Ihr Bestes erinnert. Die Vorstellung der Blauen Blume in uns kann unseren eigenen Weg sichtbar machen, uns sozusagen heimleuchten. Heimleuchten?

Wenn wir jemandem heimleuchten wollen, heißt das heute so viel wie: diesem deutlich die Meinung zu sagen. Doch ursprünglich meint diese Redewendung tatsächlich, jemanden, in der Regel einen Gast, bei Dunkelheit mit einer Laterne oder Fackel nach Hause zu begleiten. Natürlich war es auch bei Gästen, die man endlich los sein wollte, eine höfliche Form, sie zum Aufbruch zu bewegen.

Nun ja – ich bin ein guter Gastgeber und ermuntere Sie dazu, mit Ihrem eigenen Licht den Weg, den Sie in ein neues Leben gehen wollen und der Sie zu Ihrem Besten führt, zu beleuchten.

Fantasievoll – Die Blaue Blume

Trenne dich nie von deinen Träumen.
Wenn sie verschwunden sind,
wirst du zwar weiterexistieren,
aber aufgehört haben zu leben.
Mark Twain

Der große indische Philosoph Sri Aurobindo meinte, dass man sich dem Verstand widersetzen müsse, da er sich als allwissender Richter aufdränge; »[...] würde er sich in seinen Grenzen halten, wäre nichts gegen ihn einzuwenden«.[2] Um sich auf das Abenteuer des eigenen Lebens einzulassen, braucht es wirklich mehr als vernunftmäßige Lebensstrategien. Diese sind zwar für die Bewältigung vorgegebener, vor allem beruflicher Aufgaben erforderlich, doch erschöpft sich unser Leben nicht in Vorgaben anderer, Planungen oder Kopfentscheidungen.

Wir alle sind Gott sei Dank vermögend. Wir besitzen ja ein Erinnerungs- und Wahrnehmungsvermögen – und noch eins, mit dem wir vielleicht zu sehr geizen: unser Vorstellungsvermögen. Wir sind mit einer schöpferischen Kraft ausgestattet, die das Vorgegebene, Normale, Alltägliche, Gewohnte, das, was wir nicht mehr wollen bzw. ändern wollen, schöpferisch überschreitet. Mit unserer Fantasie können wir zunächst das, wonach wir uns sehnen, was wir uns wünschen, in inneren Bildern entstehen lassen. Haben wir uns ein Bild geschaffen, können wir mit diesem »Foto« wie ein Detektiv auf die Spurensuche gehen, nach dem, was wertvoll und am besten für uns ist. Jeder ist mit der Fähigkeit, innere Bilder zu erzeugen, ausgestattet – es bedarf nur der Bereitschaft dazu.

Wer zu Ihnen sagt, das seien *Hirngespinste*, hat sich zu erkennen gegeben: Er erwartet etwas anderes von Ihnen ... als Sie möglicherweise wollen. Denn Fantasien und die Sehnsucht nach dem eigenen Leben sind für manche geradezu verdächtig. Aber die Entscheidung, auf Ihrem Lebensweg etwas zu verändern oder sogar einen ganz neuen zu beschreiten, liegt bei

Ihnen! Sie erinnern sich an die wesentlichste aller Fragen: Wie wollen Sie leben?

Wenn wir noch nicht so leben sollten, wie wir eigentlich wollen und ein unbestimmtes Gefühl uns immer wieder unzufrieden und traurig macht, wenn unsere Sehnsucht uns nicht mehr zur Ruhe kommen lässt: Dann wird es möglicherweise irgendwann einmal notwendig sein, dass wir aus dem Laufrad springen und uns im freien Fall fantasievoll neu orientieren, dann auf dem Boden ankommen und einen anderen, neuen Weg gehen lernen, diesmal auf freiem Feld, in Richtung unserer Sehnsucht, in unserer ganz eigenen Art und Weise. Wenn wir dann unseren Mut gefasst haben und bereit zum Sprung sind, ist es besser, etwas zu haben, an dem wir uns festhalten können, das uns Licht und Halt in der Ungewissheit spendet. Sie wissen schon, was ich meine: die Blaue Blume. Lassen Sie sich jetzt in eine Welt entführen, fern der Laufräder, fern der Erwartungshaltungen anderer. Vielleicht kommt sie Ihnen auch bekannt vor.

Übung: »Spiegelbilder Ihrer Sehnsucht«

Nehmen Sie einen aufstellbaren Spiegel, stellen Sie ihn vor sich hin auf einen Tisch
oder halten Sie ihn in der Hand.
Schließen Sie kurz die Augen.
Beginnen Sie mit der Ihnen bekannten Achtsamen Atmung –
und wenn Sie dann mögen, öffnen Sie die Augen und
schauen Sie in den Spiegel.
Schauen Sie sich an.
Atmen Sie ruhig dabei weiter.
Schenken Sie sich ein Lächeln
und dann schauen Sie tief in Ihre Augen.
Sehen Sie noch einmal genau hin.
Was ist es, was Sie in Ihren Augen sehen?
Schauen Sie ruhig weiter in Ihre Augen.

Was ist es?
Ein Gefühl.
Ein Gedanke.
Nichts.
Was auch immer.
Nehmen Sie es einfach hin.
Atmen Sie tief ein und dann ausgiebig auuuuuuuuus.
Schließen Sie für einen Moment die Augen.
Fühlen Sie dem nach, was gerade war.
Atmen Sie ruhig weiter.
Öffnen Sie dann wieder die Augen.

Was auch immer Sie dachten oder gesehen haben: Sie haben einen Blick in das Fenster Ihrer Sehnsucht gewagt. Bleiben wir noch etwas in einer anderen Welt, in der wunderbaren Welt von Novalis. Lesen wir in seinem Roman »Heinrich von Ofterdingen«, was er seinen Helden Heinrich hat träumen lassen. Um was wird es wohl gehen?

»Eine Art von süßem Schlummer befiel ihn, in welchem er unbeschreibliche Begebenheiten träumte, und woraus ihn eine andere Erleuchtung weckte. Er fand sich auf einem weichen Rasen am Rande einer Quelle, die in die Luft hinausquoll und sich darin zu verzehren schien. Dunkelblaue Felsen mit bunten Adern erhoben sich in einiger Entfernung; das Tageslicht, das ihn umgab, war heller und milder als das gewöhnliche, der Himmel war schwarzblau und völlig rein. Was ihn aber mit voller Macht anzog, war eine hohe, lichtblaue Blume, die zunächst an der Quelle stand, und ihn mit ihren breiten, glänzenden Blättern berührte. Rund um sie her standen unzählige Blumen von allen Farben, und der köstlichste Geruch erfüllte die Luft. Er sah nichts als die blaue Blume, und betrachtete sie lange mit unnennbarer Zärtlichkeit. Endlich wollte er sich ihr nähern, als sie auf einmal sich zu bewegen und zu verändern anfing; die Blätter wurden glänzender und schmiegten sich an den wachsenden Stengel, die Blume neigte sich nach ihm zu, und die Blütenblätter zeigten einen blauen, ausgebreiteten Kragen, in welchem ein zartes Gesicht schwebte ...«[3]

Was empfinden Sie beim Lesen des Textes? Konnten Sie ein wenig mitträumen? Konnten Sie die Blaue Blume in dem Traum von Novalis' Helden sehen? Weckte in Ihnen auch schon einmal jemand oder etwas eine tiefe Sehnsucht, etwas, das so stark war, dass Sie nicht einschlafen konnten? Hat Sie dies schließlich träumen lassen? Bleiben Sie noch etwas in dieser Welt.

STOPP

Wie fühlen Sie sich in diesem Moment? Sind Sie jetzt bereit, mit auf eine Reise zu kommen? Auf eine Fantasiereise zu Ihrer Blauen Blume? Sie sind eingeladen!

Übung: Fantasiereise zur Blauen Blume

Nehmen Sie sich Zeit. Legen Sie sich Schreib- und Buntstifte, Papier für Notizen und zum Malen bereit, falls Sie dies dann mögen. Stellen Sie sich etwas zu Trinken zurecht. Wählen Sie einen Platz, an dem Sie sich wohlfühlen und machen Sie es sich bequem. Sorgen Sie dafür, dass Sie etwa eine Stunde nicht gestört werden.

Vielleicht mögen Sie eine entspannende Musik im Hintergrund hören; stellen Sie die Lautstärke so ein, dass Sie ein wohliges Gefühl dabei empfinden. Und dann: Beginnen Sie mit dem Achtsamen Atmen: Lassen Sie Ihren Atem fließen.

Atmen Sie tief ein und wieder aus.

Und wenn es Ihnen danach ist, lesen Sie ruhig weiter:

Sie sind im Urlaub.
Heute wollen Sie einmal nur für sich alleine etwas tun.
Ein wunderbarer Sonnenschein lockt Sie an den Strand.
Eine leichte Brise begleitet Sie wohltuend.

Sie laufen barfuß – einfach so am Ufer entlang.
Ihre Füße werden im ständigen Kommen und Gehen der Wellen umspült.
Der Sand glitzert goldgelb, die Strahlen der Sonne spiegelnd.
Sie schauen immer wieder auf das weite blaue Meer hinaus.
Sie genießen diesen Ausblick und
atmen tief den Duft des Meeres ein.
Sie fühlen sich völlig frei.

Sie setzen sich nach einer Weile auf den warmen Sand.
Ihr Blick schweift hinaus –
auf das ewige Blau des Meeres.
Der Horizont ist grenzenlos.
Ihre Augen verlieren sich immer mehr
in dieser unendlichen Weite.
Sie müssen lächeln und denken:
Was bin ich doch so klein, wenn ich die Weite
und Tiefe des Meeres bedenke, und doch:
Nur ich kann es so empfinden, mit meinen Gefühlen,
meinen Sinnen und Gedanken.
Sie sind glücklich, genau in diesem Moment hier zu sein.

Jetzt entdecken Sie etwas auf dem Meer.
Sie versuchen zu erkennen, was dort schwimmt.
Es wird immer wieder von den Wellen gewogen,
verschwindet – und wird wieder sichtbar.
Ihre Augen geben sich dem Spiel der Wellen hin.
Sie beginnen zu träumen,
eine warme Meeresbrise umhüllt Sie wie eine Decke,
Gedanken steigen in Ihnen hoch:
Ebbe und Flut – Vergehen und Werden – Kommen und Gehen.
So ist das Leben.

Etwas zieht Sie im Traum in die Tiefe des Meeres hinab.
Sie lassen es geschehen.

Sie sehen sich immer tiefer zum Meeresgrund sinken.
Sie schweben hinab.
Obwohl Sie immer tiefer sinken,
begleiten Sie die Sonnenstrahlen.
Sie sehen und können frei atmen,
Sie fühlen sich ganz leicht und geborgen.
Jetzt erkennen Sie andere Menschen,
die ihre Wege gehen und Spuren auf dem Meeresgrund hinterlassen.
Einige sind dabei, etwas miteinander zu errichten.
Sie nehmen deren gegenseitige Achtung und
liebevolles Miteinander wahr.
Einige kommen Ihnen entgegen,
schauen Sie an und warten auf ein Zeichen von Ihnen.
Sie schauen ruhig und gelassen diese Menschen an,
reichen Ihnen dann Ihre Hände;
diese lächeln und führen Sie in ihre Welt.
Sie schauen sich an,
wie diese leben, wohin sie wollen –
was sie dort errichten.
Es kommt Ihnen vertraut vor, als seien Sie schon hier gewesen.
Bald fühlen Sie sich wie zu Hause –
dort angekommen, wohin Sie sich so lange sehnten.

Erst jetzt bemerken Sie,
dass Ihre Hand zärtlich und doch fest gehalten wird.
Sie schauen in weit geöffnete Augen der Liebe,
ein vertrautes Gefühl durchströmt Sie.
In der anderen Hand umfassen Sie
eine Blume, Ihre Blaue Blume.

Bald entdecken Sie eine Aufgabe,
die sie sich von ganzem Herzen wünschen.
Sie äußern Ihren Wunsch,
die anderen laden Sie ein, zu tun,

was Sie zu tun wünschen ...
Gerade wollen Sie damit beginnen –
da nehmen Sie wahr,
wie Sie sich selbst intensiv in die Augen schauen.
Sie haben sich erkannt.
Sie spüren, wie zufrieden Sie in diesem Moment sind.
Gelassenheit breitet sich in Ihnen aus.
Sie fühlen sich ganz und gar wohl; coming home!

Dann beginnen Sie zu blinzeln.
Eine frische Meeresbrise lässt Sie aus Ihrem Traum am Strand aufwachen.
Sie sitzen unverändert am Ufer,
Ihre Füße sind etwas tiefer im Meer als zuvor – Flut.
Die Sonne zieht ihre jahrtausendealte Bahn am Himmel.
Sie entdecken, was auf dem Wasser schaukelte und Sie ins Träumen gebracht hatte.
Es ist eine wunderhübsche Blume,
die jetzt in Richtung Strand gespült wird.
Sie stehen auf, gehen in das Meer hinein,
der Blume entgegen, und greifen nach ihr:
sie ist blau, lichtblau.
Sie heben die Blaue Blume aus dem Meer
und betrachten diese sonderbare Art von Blume,
die Sie nie zuvor gesehen haben,
im Schein der untergehenden Sonne.
Wie eine langstielige Rose wirkt sie, doch ist es keine Rose.
Sie nehmen sie mit ans Ufer.
Ohne deren Namen zu kennen
fühlen Sie, dass Sie die Blaue Blume kennen.
Sie schauen zurück auf Ihre Spuren im Sand,
die Sie hinterlassen haben.
Zurück, von woher Sie gekommen sind.
Dann lassen Sie Ihre Augen auf dem weiten Sandstrand umherschweifen und

entdecken einen zarten Schatten vor Ihnen:
Es ist der Schatten Ihrer Blaue Blume und der Ihrer Hand,
die auf dem Strand in eine Richtung zeigen.
Als Sie weiter schauen,
entdecken Sie einen Leuchtturm.
Mit Ihrer Blauen Blume in der Hand
bewegen Sie sich auf ihn zu
und Sie wissen,
warum Sie dorthin gehen.

Verweilen Sie noch einen Moment in diesem Gefühl, am Strand zu sein. Stellen Sie sich vor, wie die Sonne langsam im Meer versinkt. Ein unbeschreibliches Abendrot erfüllt den Horizont. Atmen Sie tief ein – und wieder aus. Spüren Sie, wie eine leichte Brise Sie erfrischt. Mit den letzten Strahlen der Sonne am Horizont bedanken Sie sich auf Ihre Weise für das Erfahrene. Ein neuer Tag erwartet Sie morgen.

STOPP

Trinken Sie jetzt etwas. Schließen Sie dann Ihre Augen, solange Sie mögen. Lesen Sie dann erst weiter.

Hat Ihnen der Strandspaziergang gut getan? Fühlen Sie etwas in Ihrer Hand? Wie fühlt sich Ihr Herz an? Nehmen Sie etwas zu schreiben – oder zu malen. Beginnen Sie ohne lange nachzudenken damit, zu notieren, was Sie gesehen haben. Vielleicht mögen Sie gleich die Blume zeichnen, die Sie gesehen haben. Wie immer diese auch ausgesehen haben mag.

Was oder wer berührte Sie bei Ihrer Reise besonders? In welcher Weise? War es gut – weniger gut? Was für ein Meer sahen Sie? Waren Sie schon einmal dort? Welche Menschen sahen Sie? Kannten Sie jemanden schon? Was gefiel Ihnen an deren Verhalten? Was nicht? Welche Gefühle hatten Sie bei Ihrem Strandspaziergang? Fiel es Ihnen leicht, sich an den

Strand zu setzen und einfach so auf das Meer hinauszuschauen? Und nicht zuletzt: Konnten Sie die Blaue Blume ergreifen? Spricht Sie gar zu Ihnen?

Wie auch immer – falls Sie sich nicht die Ruhe haben geben können, um diese Fantasiereise durchzuführen oder die Blaue Blume zu ergreifen: Versuchen Sie es ein anderes Mal – oder nehmen Sie das Buch mit in Ihren nächsten Urlaub. Auch in den Bergen können Sie eine Reise zu Ihrer Sehnsucht unternehmen. Und wenn Sie nur schwer alleine auf diese Reise gehen können, machen Sie es sich nicht zu schwer: Lassen Sie sich diese doch von einem Menschen, der Ihnen nahe steht, ganz in Ruhe an einem besonders schönen Ort vorlesen. Der andere wird sicherlich auch etwas davon haben ... und vielleicht spenden gar Ihre beiden Blauen Blumen ein harmonisches und kraftvolles Licht, das einen gemeinsamen Weg beleuchtet?!

Ihre Blaue Blume sagt mehr als tausend Worte

Nach Innen geht der geheimnisvolle Weg.
In uns, oder nirgends, ist die Ewigkeit mit ihren Welten,
die Vergangenheit und Zukunft.
Novalis

Wie wäre es jetzt, gelassen und gelöst weiter zum Besten aufzubrechen? Denn wenn Sie bereit sind, fantasievoll all das, was Sie von Ihrem eigenen Leben abhielt, zunächst gedanklich zu überschreiten und Ihre Sehnsucht ernst zu nehmen, sind Sie persönlich reicher: Sie haben Ihr Vorstellungsvermögen gesteigert und einfallsreich können Sie an Ihr Werk gehen und ein neues Leben beginnen. Indem Sie sich auf die Suche nach der Blauen Blume machen, beginnen Sie, Ihre Denkgewohnheiten und Verhaltensweisen nach dem Besten hin zu hinterfragen und suchen nach Möglichkeiten, Ihr Leben mehr in eigener Weise zu gestalten.

Die Blaue Blume ist das Sinnbild der Romantik und der Liebe, das uns Novalis in seinem Roman »Heinrich von Ofterdingen« schenkte. (Vielleicht hat der Textauszug, den Sie oben lesen konnten, Lust auf mehr davon gemacht? Dann blättern Sie zu [4].) Die Blaue Blume kann uns heute dabei helfen, mehr Fantasie in unsere Lebensgestaltung zu bringen, uns mehr auf den Fluss des Lebens einzulassen. Das bedeutet ja nicht, blauäugig zu sein, aber mit unserer Vernunft und unserem Realismus stoßen wir an Grenzen, drehen uns häufig im Kreis bzw. Laufrad, fühlen uns »eigentlich« anders, kommen aber nur selten dazu ... Wie wäre es mit etwas fantastischem Realismus und mehr Lebenskunst, mehr heiterer Gelassenheit?[5]

Die Blaue Blume symbolisiert die Sehnsucht nach Ferne und Unendlichkeit, nach der Einheit von Traum und Wirklichkeit – also Surrealem – sowie nach der Einheit von Lebensmöglichkeiten und Unerreichbarem, von Verstand und Gefühl. Sie ist der Symbolschlüssel unserer Sehnsüchte und Lebenswünsche. Wer nach ihr Ausschau hält, sucht sein Lebensglück und den Sinn seines Lebens. Damit wir unser Bestes finden, sollten wir also auf unsere Blaue Blume achten. Dann ist unser neuer Weg auch wirklich unser eigener.

Und warum schimmert die Blume blau?

Die *sinnlich-sittliche Wirkung* von Blau beschreibt Johann Wolfgang von Goethe in seiner Farbenlehre: »Wie wir einen angenehmen Gegenstand, der vor uns flieht, gern verfolgen, so sehen wir das Blaue gern an, nicht weil es auf uns dringt, sondern weil es uns nach sich zieht.« Die Farbe Blau ist die Farbe des Himmels und des Wassers. Wir leben schließlich auf dem »blauen Planeten« Erde. Wasserblau ist die Farbe der Tiefe, des Weiblichen, Himmelblau symbolisiert die Ferne, das Männliche. Insofern vereint die Blaue Blume das Weibliche mit dem Männlichen, das Irdische mit dem Geistigen. Blau ist die Farbe der Treue, wie sie auch mit dem Veilchen, Vergissmeinnicht oder Männertreu verbunden wird. Nach der modernen Farbpsychologie löst die Farbe Blau eine sehnsüchtige, träumerische Stimmung aus. Sie wirkt beruhigend, spendet Geborgenheit – und führt nach innen.[6]

Der tiefblaue Farbton Indigo steht gar Pate für die sogenannten »Indigo-Kinder«, die sich nach einem bestimmten spirituellen Konzept durch ganz besondere psychische und geistige Merkmale und Fähigkeiten auszeichnen. Schauen Sie sich doch einmal um: Sie sind an ihrer indigofarbenen Aura zu erkennen.

Ich gebe Ihnen eine kleine Anekdote mit auf Ihre blaue Reise: Wissen Sie, woher die Begriffe »blauer Montag« und »blaumachen« stammen? Der Begriff geht auf die Färber im Mittelalter zurück. Um ein besonders tiefes Blau zu erzielen, wurde bei der Färbung der Stoffe den Blättern des Färberwaids Alkohol zugegeben. Da Alkohol jedoch teuer war, gingen die Färber hin und ließen diesen erst einmal durch ihre Kehlen laufen. Dann bereicherten sie den Färbungskübel mit ihrem Urin, meist sonntags. Eine schöne blaue Färbung der Stoffe stellte sich erst ein, wenn diese längere Zeit an der Luft trockneten. Da die Färber den ganzen Sonntag kräftig für den *Zusatz* bei der Färbung sorgten, lagen sie häufig montags betrunken neben den Stoffen. Sie waren »blau« und »machten« auch »blau«. Daher stammt wohl auch der Begriff »blauer Montag«.

Kornblumenblau

Kennen Sie das rheinische Trinklied »Kornblumenblau«? Als gebürtiger Rheinländer sang ich es schon im Kindergarten …

Und das »Blaue Blut«: dieses fließt durch unser aller Adern. Nur die Adligen pflegen diese Sehnsucht nach Ursprung, Tradition sowie danach, etwas Besonderes zu sein, und tragen sie selbstbewusst nach außen. Ob mit oder ohne viel Geld und Besitztümer, ihnen ist ihre Blaue Blume bewusst. Allerdings, wie wir in den Boulevardzeitungen lesen können, fließt in manch adeliger Ader mehr gewöhnliches Blut als bei außergewöhnlichen *unadeligen* Menschen. Jedoch jene mit blauer Tradition betonen ihr blaues Blut, sie stellen ihr Licht nicht unter den Scheffel. Sie haben recht damit! Warum sollten sie sich nicht besser fühlen und das Beste fordern? Sie zeigen den anderen, dass schon selbstbewusstes Auftreten seine Wirkung haben kann. Ist dem gewöhnlichen Sterblichen seine eigene Blaue Blume nicht bewusst, glaubt er ihnen, wenn sie vorgeben, *etwas Besseres* zu sein. Aber wer seine Blaue Blume gefunden und ergriffen hat, adelt bzw. veredelt sich selbst auf seinem Lebensweg. Und das ist doch das Beste für einen!

Und jetzt wissen Sie auch, dass es wohl kein Zufall ist, dass sich die *Blue Man Group*, ein kreatives Team von Künstlern, die spektakuläre Multi-Media-Performances darbieten, sich ganz und gar in blau färben ...

Ja, Blau ist nicht einfach nur eine Farbe, sondern hat tiefere Bedeutungen und Wirkungen auf unser Empfinden und Leben. Das Bild von der Blauen Blume sagt also mehr als tausend Worte – und Sie wissen ja, wir können auch einmal etwas durch die Blume sagen.

Für Heinrich in Novalis' oben zitiertem Roman ist der Traum von der Blauen Blume das Zeichen seiner Sehnsucht, zu seiner Liebe aufzubrechen. Was halten Sie davon? Sind Sie bereit, in Ihrem Leben Neues auszuprobieren, zu experimentieren? Einmal aus Ihrem Laufrad herauszuspringen?

Hoffnungsvoll

Die Menschen, wie die Welt, tragen genug gute Zukunft.
Ernst Bloch

Wer eine Reise unternehmen will, sollte wissen, wohin er warum will. Wer sich auf die Reise zu sich selbst macht, zu einem neuen Leben aufbricht, sollte vor allem sich selbst mitnehmen.

Vielleicht nehmen Sie jetzt noch einen tiefen Schluck von einem Elixier, das wir alle auf unserem Lebensweg immer wieder einmal brauchen. Selbst verschlossen scheinende Türen können sich dann wieder öffnen. Auf der recht bauchigen Flasche steht »Hoffnung« – und beim Einschenken erkennen wir: Das Elixier ist hellblau.

Hoffnung ist das Lebenselixier, das uns auf dem Lebensweg voran- und weiterschreiten lässt. Hoffnung gibt uns die Kraft, vertrauensvoll selbst die Verwirklicher unserer Wünsche zu sein. Wir empfinden aber auch Dankbarkeit und Glück, wenn andere uns Wünsche erfüllen – vor allem solche, um die wir nicht gebeten haben. »Das Beste kommt erst noch« lässt uns Gelassenheit und Geduld üben. Wir sind dann überzeugt, dass sich nicht nur immer wieder etwas zu unserem Besten wenden kann, sondern dass wir dieses Beste auch erleben werden. Wir rennen nicht mehr, lassen uns nicht treiben, gehen unseren Weg hoffnungsvoll, Schritt für Schritt. Wenn etwas nicht so ist, wie wir es wünschen, setzen wir ein »noch nicht« davor und suchen neue Wege. Wir tragen dann genug Zuversicht in uns, um auch anderen Mut zu sich selbst zu machen – vor allem dadurch, dass wir ehrlich sind und offen bekennen, was wir wollen und was nicht. Die Hoffnung lässt uns selbst dort, wo es nicht mehr weiter zu gehen scheint und andere uns den Weg versperren wollen, Kraft schöpfen und uns sagen: »Für jetzt bleiben Glaube, Hoffnung, Liebe, diese drei: doch am größten unter ihnen ist die Liebe.« (Paulus, 1 Kor 13,13)

Vergissmeinnicht

Bevor Sie gleich Ihre acht Schritte beginnen, vergewissern Sie sich, ob Sie Ihre Reiseutensilien zusammenhaben. Und noch ein Vorschlag: Ich weiß ja nicht, welche Blumen Sie schon in Ihrer Wohnung oder im Garten blühen lassen. Wenn Sie sich noch nicht an einem Vergissmeinnicht erfreuen, gönnen Sie sich diese blaue Blume. Deren Blüten gelten als Symbol der

Liebe, der Treue und der Erinnerung. Stellen Sie sich doch auch ein Vergissmeinnicht an den Arbeitsplatz, auf den Schreibtisch, in die Küche oder an jeden beliebigen Platz: Es wird Sie daran erinnern, Ihr Bestes nicht zu vergessen!

STOPP

Acht Schritte in ein neues Leben

Leben ist das, was passiert,
während du andere Dinge im Kopf hast.
John Lennon

Ja, das echte Leben spielt sich nicht allein in unserem Kopf ab, sondern passiert ständig und will mit all unseren Sinnen erlebt werden. Vor allem das eigene Leben!

In diesem Kapitel finden Sie eine Art *Reiseanleitung*, wie Sie für den eigenen Lebensweg Ihre Gangart und die Schrittgeschwindigkeit neu bestimmen können. Schreiten Sie gelassen mit Ihrer Blauen Blume durch dieses Leben. Erlauben Sie sich Ihr eigenes Leben, mehr Lebenszeit und Raum für all Ihre Stärken und Schwächen, Vorlieben und Abneigungen, Verzückungen und Bestürzungen, Verrücktheiten und ganz alltäglichen Bedürfnisse. Warum nicht auch mehr Lustwandeln?

Das bedeutet nicht, im Leben nur zu schlendern oder zu bummeln. Wir können durchaus auch im Eil- und Laufschritt unserem Besten entgegengehen. Fortschritte wie Rückschritte sind die natürlichen Vorwärtsbewegungen im Leben. Wir können auch einmal *Pacemaker* für andere sein, also Schrittmacher, indem wir das Tempo vorgeben und andere dadurch mitziehen. Was uns allerdings nicht so gut voranbringt, ist der Gleichschritt – vor allem in einem Laufrad. Wie wäre es mit einer neuen Schrittgeschwindigkeit und Gangart?

Vielleicht ist es doch so, dass wir erst aus unserem Laufrad fallen müssen, damit wir die Augen richtig aufbekommen und wirklich erkennen, dass der Weg, auf dem wir gehen, nicht zum Besten führt, dass es Neues und Besseres für uns zu erleben gibt. Nicht wenige, die ihrem Leben eine neue Richtung gegeben haben, wurden erst durch eine Krankheit klüger. So wie auch ich. Aber so weit muss es ja nicht kommen. Darum: Halten Sie inne, schauen Sie mit wachen Augen auf Ihr Leben. Wie? Das lesen Sie in diesem Kapitel:

Wir alle wissen, dass selbst die größte aller Reisen mit dem ersten Schritt beginnt. Ich biete Ihnen gleich acht Schritte an, damit Sie bestens auf Ihren Weg kommen:

Schauen Sie in diesem Teil des Buches etwas tiefer in den Spiegel, auf Ihre Lebensentscheidungen, Ihre Erwartungshaltungen, Ihren Lebensweg, auf das, was Sie tun, auf die Menschen, die Sie lieben und umgeben, auf den Ort, an dem Sie leben und darauf, wie Sie auf andere wirken bzw. auf Ihre Ausstrahlung. All das, was Sie hierbei erblicken, wird Ihnen offenbaren, ob und wie Sie auf Ihrem eigenen Weg gehen und wo Sie ansetzen könnten, es noch besser zu machen und ein neues Leben zu beginnen. Gewinnen Sie also Klarsicht!

Warum Schritt für Schritt? Weil die gelassene Art, seinen Lebensweg zu gehen, nicht im Jagen, Laufen oder Rennen besteht, sondern uns eher innehalten oder – wenn schon – springen, rollen oder tanzen lässt.

Nicht zuletzt entscheidet die Gangart auf unserem Lebensweg über das, was wir wahrnehmen, erfahren und an Bestem ernten können. Das wissen Sie ja selbst: Wir ernten, was wir säen. Wer also sein Bestes erleben will, sollte für sich auch die beste Gangart wählen – das ist nun einmal die im zweiten Teil beschriebene gelassene Art.

Jeder der acht Schritte hat wesentlichen Einfluss auf unseren Lebensweg. In welcher Art und Weise wir diese Schritte gehen, entscheidet, ob es wirklich unser eigener Weg ist oder ob wir mehr oder weniger gegangen werden.

Betrachten wir jeden dieser acht Schritte, verstehen wir uns selbst, unser Leben und die Welt besser.

Wenn Sie die acht Schritte mit Ihrer Blauen Blume beleuchtet haben, wird Ihr eigener Weg klarer und Sie wissen, was besser für Sie ist. Ihre Blaue Blume verhilft Ihnen dabei nicht nur zu Erkenntnissen über die bisherige Gang-Art, sondern unterstützt Sie auch dabei, künftig das Beste nicht mehr aus den Augen zu verlieren.

Warum es acht Schritte sind? Nun, zum einen sind diese Schrittfolgen ein Ergebnis meiner langjährigen Beratungserfahrungen. Zum anderen aber ist es wohl kein Zufall, dass es *acht* Schritte sind: Die Zahl Acht gilt als eine Glückszahl, die einen günstigen Neubeginn und Zuwachs an Lebensenergie, Geld, Macht und Möglichkeiten verheißt. Die Acht gilt als eine Zahl, die Lebenskraft spendet. Sprachlich kommt die Acht u.a. bei den Wörtern ACHTsamkeit, ACHTung und SelbstACHTung zum Ausdruck, was wohl auch das Beste für uns ist, wenn wir dies beachten. Die Acht ist alles in allem die Zahl der Lebensfülle. Acht Schritte führen uns daher zu unserem Besten. Wer seinen eigenen Weg geht, nimmt im besten Sinne des Wortes seine persönliche M-Acht wahr.[1] Aber jetzt erst wieder einmal:

STOPP

Neu-Sehland

Positive Veränderungen erfolgen nicht durch irgendwelche äußeren Dinge, sondern nur von innen her durch konstruktive, korrekte, der Wirklichkeit entsprechende innere Einstellungen oder Sichtweisen.
Dalai Lama XIV.

Alexandre Dumas meint: »Das Leben ist bezaubernd, man muss es nur durch die richtige Brille sehen.« Antoine de Saint-Exupéry sieht dies ebenso: »Um klar zu sehen, genügt ein Wechsel der Blickrichtung.« Und Albert Schweitzer meint: »Die größte Entscheidung deines Lebens liegt darin, dass du dein Leben ändern kannst, indem du deine Geisteshaltung änderst.«

In meinem Buch »Das Fortuna-Prinzip« empfehle ich auch eine neue Begriffs-Brille: »Marke Fortuna made by Soul«.[2] Denn wir lernen von Kindheit an, die Welt durch eine Brille von Begriffen zu sehen und zu be-greifen. Solche Brillen sind Gedankenbilder von der Welt und den Menschen, die wir im Verlauf unseres Lebens zeichnen. Wir nehmen uns selbst (Selbstbild) und unsere Mit- und Umwelt (Weltbild) durch diese Brillen wahr. Andere schauen uns durch ihre Brillen an (Fremdbilder). Unser Glück im Leben wie unsere leidvollen Erfahrungen hängen eng mit unserer Denk- und Sichtweise zusammen. Dabei bilden sich unsere Bewertungen beziehungsweise Wertschätzungen heraus. Schon der griechische Philosoph Epiktet stellte fest: »Es sind nicht die Dinge, die uns beunruhigen, sondern die Meinungen, die wir von den Dingen haben.«

Wir haben spezielle Einstellungen bzw. Brillen für Partnerschaft, Beruf und all die Dinge des Lebens entwickelt. Wir haben eben gelernt, wie wir darüber denken sollen. Und das, was wir denken, wollen wir auch *sehen*. Daher sind unsere Überzeugungen und Meinungen nur Annahmen einer Wirklichkeit, wie wir sie sehen.[3] Sie haben sicherlich auch schon einmal zu hören bekommen: »Das sehe ich ganz anders.« Eben!

Daher ist es so wichtig, genau hinzuschauen, ob wir auch wirklich das Beste für uns im Blick haben – oder dieses übersehen, da uns vielleicht unsere Sehgewohnheiten daran vorbeischauen lassen? Mag ja auch sein, dass etwas davorsteht: unsere Vorstellungen. Schauen Sie also bei den acht Schritten genau hin! Und wenn es bisher gar nicht so gut für uns gelaufen ist, mag manch einem gar Hören und Sehen vergangen sein. Wie soll aber dann das Beste erkannt werden?

Unsere eigene Welt will mit allen Sinnen entdeckt werden – sehend, fühlend, hörend, schmeckend, riechend und ertastend –, so erschaffen wir unsere Wirklichkeit.

Indem wir andere danach fragen und uns darüber austauschen, was und wie sie denn so das Leben sehen, versuchen wir uns zu vergewissern, suchen nach Bestätigungen und erschaffen eine gemeinsame Sichtweise der Dinge des Lebens – oder meiden andere. Was uns aber am häufigsten von unserem Besten im Leben abhält ist die Überzeugung, dass wir es gar nicht verdient hätten – warum auch immer nicht. Es sind nicht nur

Minderwertigkeitsgefühle, die hier eine Rolle spielen, sondern auch Geschehnisse, die wir uns nicht verzeihen können oder andere, die uns nicht mehr in Ruhe lassen. Wie *sehen* Sie das? Glauben Sie, dass Ihnen das Beste zusteht? Ich bin überzeugt, dass dem so ist. Wenn Sie daran etwas zweifeln, lesen Sie doch noch einmal im zweiten Teil über Egoismus und Selbstliebe nach. Seien Sie aber sicher: Sie haben ein Recht auf das Beste!

Ob wir die Welt als Geschenk oder Bedrohung sehen, hängt also von unserer Art und Weise, das Leben zu sehen, und wie wir damit umgehen, ab. Gleichgültig, was wir erfahren haben: Die Konsequenzen daraus haben wir gezogen. Wenn ich mit meinem Leben – ob im Beruf- oder Privatleben – unzufrieden bin, habe ich sie möglicherweise noch nicht gezogen. Aber Sie haben ja mit diesem Buch eine *Handreichung*, um (noch) konsequenter zu werden. Nutzen Sie sie ebenso, um auf andere Gedanken zu kommen!

Gründe genug also, dass wir unser Leben und unseren Lebensweg Schritt für Schritt in Augenschein nehmen. Gehen Sie ruhig einmal mit einer gelösteren und aufgeweckten Sichtweise auf Entdeckungsreise und üben Sie Gelassenheit – und vergessen Sie nicht, dass der Weg das Ziel ist!

Je entspannter, gelöster wir auf all das, was uns umgibt, schauen, um so mehr bringen wir unsere rasenden Gedanken zur Ruhe und gewinnen tiefe Einsicht in das, was wirklich in unserem Leben geschieht und für uns wichtig ist. Wir ärgern uns weniger und falls doch, dann geht der Verdruss schnell in ein Lächeln über.

Mit einer gelassenen Gangart öffnen sich unsere Sinne. Wir nehmen unser Leben neu bzw. anders wahr und unsere gewohnten Bewertungen sowie Glaubensbekenntnisse können in Frage gestellt und solche, die unser Bestes fördern, gefunden werden. Darum ist es so wichtig, seine acht Schritte wirklich zu gehen!

Durchschreiten Sie also Ihr Leben und blicken Sie durch, schauen Sie auf das, was für Sie das Beste ist bzw. besser wäre. Schauen Sie mit Ihren eigenen Augen hin, entdecken Sie auch neue Lebenshorizonte und erweitern Sie Ihren Gesichtskreis. Möglicherweise gewinnen Sie gar mit Ihrer Blauen Blume einen »magischen Blick«, durch den selbst Alltägliches wunderbar erscheinen kann.[4] Nehmen Sie auf alle Fälle nicht alles so tierisch ernst. Gewinnen Sie mehr und mehr ein schelmisches Lächeln – nicht zuletzt, wenn Sie in den Spiegel schauen.

STOPP

Reiseutensilien für den eigenen Weg

Wenn Sie sich auf den eigenen Weg machen, ist dies sicher das Beste für Sie. Hierbei sind folgende Utensilien recht hilfreich: Zuerst empfehle ich, den bisher von Ihnen getragenen Rucksack voller Erwartungsdruck, Unerfreulichem, überzogenen Anspruchshaltungen und anderen Zwängen vom Rücken zu nehmen und eine leichte Reisetasche zu wählen. Vieles von dem, was dort hineingehört, kennen Sie schon:

- Ihre Sehnsucht, die Blaue Blume
- Ihre Lebenswünsche – Herzenswünsche (Wunschzettel)
- Ihre Vermögenswerte: Erinnerungs-, Wahrnehmungs- und Vorstellungsvermögen
- Mut zur Fantasie (Einfallsreichtum)
- eine gute Portion Zufriedenheit
- etwas mehr Gelassenheit, vor allem von der Sorte »heitere Gelassenheit«
- das Lebenselixier Hoffnung
- Ihre Erlaubnisscheine und Entschlossenheit
- Hinzu kommt natürlich noch Ihre beste Brille für eine klare Sicht und Einsichten auf Ihrem Weg nach Neu-Sehland.

Mit diesen Reiseutensilien können Sie mehr Kontakt, ja, Berührung mit Ihrem echten Leben aufnehmen. Ihre Blaue Blume ist die Lampe der Achtsamkeit, durch die Sie deutlicher erkennen, wenn andere oder die Umstände Ihren Weg zu verdunkeln drohen. Doch sind dies nur die Schatten von anderen, die Sie nicht weiter stören sollten. Dennoch: Es könnte auch einmal gut tun, innezuhalten. Mag sein, dass Sie sich auf dem Weg etwas zu sehr erhitzt haben. Doch letztlich ist es Ihre Entscheidung, stehen zu bleiben – oder weiterzugehen! Und für unseren Fortschritt sind noch drei Wegbegleiter förderlich: Meditation, Musik und Humor:

Meditation als Wegbegleiter

Die wohl wirksamste Methode für ein gelassenes Leben ist die Meditation.[5] Im ersten Kapitel habe ich Ihnen zwei kleine Übungen empfohlen, um Gelassenheit und Achtsamkeit zu üben und zu erhalten: die Stopp-Übung, die sich ja durch das Buch zieht, und das Achtsame Atmen. Worauf es ankommt: es auch zu tun! Schon fünf Minuten am Tag lassen uns wieder zu uns kommen. Wie wäre es, jetzt einmal das Achtsame Atmen zu aktivieren? Ich warte solange …

Ja, das tut einem doch wirklich gut!

Meditation bringt Körper, Geist und Seele in Harmonie und ist wohl die wirksamste *Wellnessmethode*. Und wir alle kennen meditative Stimmungen: sei es, wenn wir uns an einen Baum lehnen und die Landschaft auf uns wirken lassen, wenn wir bei einer Bergwanderung am Gipfel angekommen sind und uns in der Weite und Stille verlieren, wenn wir uns mit unserem Liebsten vereinigen und uns eins mit ihm und der Welt fühlen oder uns am Strand, im Rhythmus des Meeres, bei Sonnenuntergang im Horizont verlieren. So wie bei dem Strandspaziergang, als Sie Ihre Blaue Blume finden konnten. Meditative Stimmungen erleben wir öfter, als uns bewusst ist. Sie tun unendlich gut. Einfach hinschauen, unser Denken stoppen. In diesen *blauen Momenten* sind wir mit unserem Leben voll und ganz verbunden: filterlos. Was könnte besser sein, als immer wieder zu meditieren und in dieser Stimmung unser eigenes Leben wahrzunehmen?

Musik und Klang

Ein weiterer Wegbegleiter ist Musik. Gut gestimmt geht es besser voran. Kennen Sie Ihre Lebensmelodie? Welche Musikrichtung, welche Lieder, welche Musiker berühren Sie besonders tief? Wo läuft Ihnen ein Schauer über den Rücken, welche Musik kann Sie zu Tränen rühren? Welche Musik reißt Sie vom Stuhl? Ja, Musik kann unser Gefühlsleben aufschließen und ohne Worte verstehen wir auch Menschen, deren Sprache wir nicht sprechen. Und Sie kennen sicher auch gut und weniger gut gestimmte Menschen ... und wissen um deren Wirkung.

Friedrich Nietzsche meinte gar: »Ohne Musik wäre das ganze Leben nur ein Irrtum.« Ja, Musik ist ein wertvoller Wegbegleiter. Klänge, Rhythmus und Schwingung durchweben unser Leben. Musik und Klänge berühren uns in tieferen Bewusstseinsschichten, durchdringen unseren Körper, lassen uns tiefer fühlen.

Ob Sie selbst ein Instrument spielen und dadurch die Saiten Ihrer Sehnsucht immer wieder einmal besonders zum Klingen bringen oder in Konzerte, Diskotheken oder auf andere Musikveranstaltungen gehen – oder einen CD- oder MP3-Player mit sich nehmen: Mit Musik halten wir im wahrsten Sinne des Wortes unser ganz Eigenes, unsere Sehnsucht, in Schwingung. Musik ist das Medium, das uns mit allen Sinnen leben lässt. Wir können durch sie auch unser Vorstellungsvermögen, unsere Fantasie über das, was wir uns von ganzem Herzen wünschen, erhöhen. Halten Sie auf Ihrem Weg immer wieder einmal klangvoll inne[6] – probieren Sie zum Beispiel eine Klangmassage. Mit dieser wirksamen und wunderbaren Entspannungsmethode können Sie Ihren alltäglichen und beruflichen Stress auflösen – und an Ihre Gefühle kommen. Damit lässt sich auch der Stachel PSFM lockern – und dann sanft entfernen.[7]

Musik kann Ihnen auch den Weg zu Ihrer Blauen Blume öffnen. Daher empfahl ich Ihnen, bei der Fantasiereise eine entsprechende Hintergrundmusik abzuspielen und gebe einige Musiktipps bei den acht Schritten. Im Radio höre ich gerade das Lied von Christina Stürmer: »Ich kriege nie genug vom Leben ... da geht noch mehr.« Ja, Musik bringt es zum Ausdruck! Musik und Klänge sind wertvolle Utensilien für einen neuen Weg. Klangerfüllt zum Besten geht es sich beschwingter – und besser gestimmt.

Besitzen Sie eine Klangschale? Dann setzen Sie diese auf ihren Handteller, schlagen Sie diese gefühlvoll mit einem Klöppel an – atmen Sie den Klang tief ein – halten Sie inne und atmen Sie dann tief aus. Hören und spüren Sie einfach nur. Wiederholen Sie diese Klangerfahrung von Zeit zu Zeit. Sie wird immer das in Ihnen zum Klingen bringen, was gefühlt werden will. Wer es kennt, weiß, was ich meine – und falls Sie es noch nicht kennen, gönnen Sie es sich einmal.

STOPP

Humor

Was auf keinen Fall in Ihrer Reisetasche fehlen sollte: Humor. Ich zitierte bereits Wilhelm Busch, der meinte, dass man, um zu den Besten zu gehören, sich selbst auch zum Besten halten können muss. Das ist sicher so, doch dürfen wir auch andere einmal *zum Besten* halten. Vor allem diejenigen, die ständig an uns Erwartungen stellen, dass wir so sein sollen, wie diese wollen. Gewöhnen Sie sich ein schelmisches Lächeln an. Denn wenn Sie gelassen und augenzwinkernd auf Erwartungsdruck reagieren, verunsichern Sie die, die etwas anderes von Ihnen erwarten. Aber diejenigen, die Sie mögen, wie Sie sind, werden Ihr schelmisches Lächeln verstehen und lieben. Wer sein Leben gelassener angeht, wird häufiger dieses besondere Lächeln in seinen Augen tragen. Er bringt damit zum Ausdruck, dass er sein eigenes Ding im Leben lebt – und gerne auch den Erwartungshaltungen anderer Streiche spielt. Kennen Sie jemanden, der Sie öfter mit einem schelmischen Lächeln begrüsst? Passen Sie auf, er hat Ihnen bestimmt wieder irgendeinen Streich gespielt oder findet, Sie sollten etwas zu Ihrem Besseren wenden.

Also, gehen Sie spielerischer mit den Herausforderungen und Erwartungshaltungen anderer um und schauen Sie gelassener auf das, was andere tun und wollen. Und wenn uns die EU jetzt das Lachen auf dem Passfoto verbietet, wissen wir ja, was die Bürokratie von uns erwartet. Wenn Sie dann den Beamten Ihren Ausweis zeigen, tun Sie es mit einem Augenzwinkern. Sie haben schließlich auf dem Foto Ihr Lächeln nur unterdrückt. Üben Sie sich also in einer heiteren Gelassenheit, es gibt ja genügend Anlässe in unserem Leben, die wir nur mit Humor hinnehmen können![8]

Noch etwas, bevor Sie losschauen. Verschiedene Fragestellungen werden die jeweiligen Schritte begleiten. Vor allem Fragen dazu, wie Sie das jeweilige Thema *sehen* und *empfinden* – und wo Sie gerade *stehen*. Denn Fragen wirken wie Wecker, die uns wach halten und helfen, eine Antwort auf wichtige Lebensfragen zu finden. Fragen, die ich mir selber stelle und beantworte, sind die entscheidenden Auslöser für Veränderungen. In unserer eigenen Antwort liegen Kraft und Magie des Neubeginns. Es gibt auf alle Fragen Antworten – aber die Tatsache, dass es zumeist mehrere gibt, macht es uns nicht leichter. Doch liegt darin auch das Glück, da wir entscheiden, was für uns die beste Antwort ist. Wenn wir allzu sehr auf andere hören, auf deren Meinung, mag es für diese das Beste sein – doch nicht zwangsläufig auch für uns. Denn die Antworten der anderen sind auch nur Annahmen, Behauptungen. Von daher mein Tipp: Wenn andere, wie auch ich, Ihnen etwas raten, nehmen Sie es als Meinung, Vermutung und Hypothese, doch niemals als Wahrheit! Und wenn Ihnen jemand etwas *ans Herz* legen, Ihnen also überaus guten Rat geben will, dann bedanken Sie sich mit einem besonders freundlichen Lächeln. Oder noch besser, nutzen Sie eine außergewöhnliche Antwortquelle: Lassen Sie es sich durch die Blaue Blume sagen, hören Sie auf Ihre innere Stimme und geben Sie sich selbst Ihre Antwort. Wählen Sie in jedem Fall eine Antwort; denn Sie können nur eins falsch machen: sich gar nicht zu entscheiden.

Aufbruch!

An vielen Menschen ist das Leben vorübergegangen,
während sie noch die Ausrüstung
für das Leben zusammensuchten.
Seneca

Sie sind jetzt bestens für Ihren Weg gerüstet. Aufbruchstimmung! Neu-Sehland wird sichtbar! Nehmen Sie sich die Zeit, die Sie brauchen und wünschen! Biegen Sie also den Stundenzeiger Ihrer Uhr in Ihre Richtung! Die Jagd und der Druck sollen ein Ende finden. Sie brauchen auch keinen strengen Plan oder Terminkalender mehr zu *verfolgen.* Wie meinte doch Friedrich Dürrenmatt: »Je planmässiger der Mensch vorgeht, umso wirkungsvoller trifft ihn der Zufall.« Also, seien Sie bereit, das Unerwartete gelassen zu begrüssen, statt sich treffen zu lassen – wenn es schon sein muss, dann lassen Sie sich nur berühren.

Oder gibt es da noch eine Unsicherheit? Meinen Sie vielleicht, einen Fallschirm, einen Sturzhelm, eine Schwimmweste oder einen Regenschirm zu brauchen? Nun, es kommt darauf an, wie radikal Sie mit Ihrem Leben experimentieren wollen. Doch letztlich brauchen Sie nur eine Sicherheit: Ihre Selbstsicherheit. Und davon gewinnen Sie mehr und mehr, wenn Sie Ihr eigenes Leben verstehen und leben, Ihre Sehnsucht beachten und entschlossen in ein neues Leben voranschreiten!

Bevor Sie losgehen, schauen Sie noch einmal in eine Ihrer Schubladen oder Schränke. Liegt hier noch etwas, was Sie schon länger ans Licht holen wollten? Was Sie schon so lange einmal tun wollten? Was Sie jemandem schon lange sagen wollten? Eine Verabredung, die Sie schon lange treffen wollten? Oder Dinge, die Sie schon lange sein lassen wollten?

Was es auch immer sein mag: Tun Sie es heute und seien Sie gewiss, das Beste kommt ohnehin erst noch!

✋ STOPP ✋

Betrachten Sie jetzt Ihr Leben einmal mit anderen, vielleicht neuen Augen. Rücken Sie wesentliche Lebensfragen in den Mittelpunkt Ihrer Aufmerksamkeit. Seien Sie dabei gelassen und gönnen Sie sich immer wieder einen schelmischen Blick. Gebrauchen Sie auch Ihr Vorstellungsvermögen. Nehmen Sie wahr, was Sie über die unterschiedlichen Gesichtspunkte Ihres Lebens wirklich denken und wie Sie sich in Situationen verhalten, in denen es besonders wichtig ist, authentisch zu sein.

Erster Schritt: Schaue in den Spiegel

Hier mein Geheimnis.
Es ist ganz einfach:
Man sieht nur mit dem Herzen gut.
Antoine de Saint-Exupéry

Jeder Schritt ist ein Schritt zu Ihnen selbst – zu Ihrem eigenen Leben – hin zum Besten. Vielleicht reiben Sie sich jetzt erst einmal die Augen (nicht zu fest – wegen der Falten!), atmen tief durch – Achtsames Atmen, wie im ersten Teil beschrieben, wäre das Beste.

Wenn Sie Ihre Reisetasche gepackt und Ihre beste Brille aufgesetzt haben, kann es losgehen. Experimentieren Sie bei jedem Schritt mit Ihren Gedanken und nutzen Sie Ihr Vorstellungsvermögen. Lassen Sie sich inspirieren zu einem etwas anderen Blickwinkel auf Ihr Leben.

Guten Morgen!

Mit welchem Gefühl sind Sie denn heute Morgen aufgestanden? Das, was wir am Morgen als erstes denken und fühlen, wird uns den ganzen Tag begleiten. Können Sie sich an Ihre Morgen-Gedanken erinnern? Beginnen Sie doch mit einem MGB (Morgen-Gedanken-Buch), in das Sie morgens hin und wieder Ihre Gedanken notieren – und nach einiger Zeit vergleichen Sie diese miteinander. Wenn Sie es tun, werden Sie nach den acht Schritten durchaus neue Gedanken dort lesen können, die Sie gelassener und froher machen.

Beginnen Sie Ihren Tag, indem Sie sich einen Blick in den Spiegel gönnen. Schenken Sie sich jeden Morgen ein Lächeln, auch eine Grimasse lockert schon Ihr Gesichtsfeld auf. (Und vergessen Sie nicht tief ein- und auszuatmen.) Diesen Anblick kann Ihnen niemand mehr nehmen. Wenn Sie sich dann am Tage daran erinnern, ob im Beruf oder in der Freizeit, wird Ihnen dieses Lächeln oder die Grimasse über eine Situation hinweghelfen, in der andere Sie aus der Fassung zu bringen versuchen. Seien Sie sicher, Ihr Lächeln in einer solchen Situation wird Ihnen gut tun – und die anderen etwas irritieren. Gut so!

Einsicht

Der Blick in den Spiegel gibt uns aber mehr als ein heiteres Bild für den Tag. In Ihrem Spiegel sehen Sie denjenigen, um den es in Ihrem Leben wirklich geht. Sie schauen sich selbst an. Wer sich offen in einem Spiegel anschauen kann, wird sich selbst erkennen – und Selbsterkenntnis ist der erste Schritt hin zum Besten.

Übung: Selbstakzeptanz

Wählen Sie für diesen ersten Schritt einen Spiegel – ob Handspiegel, Wand- oder Standspiegel. Schauen Sie in den Spiegel, der Ihnen genehm ist. Nehmen Sie sich Zeit für Ihren Blick auf bzw. in sich selbst. Für den ersten Blick in den Spiegel sorgen Sie dafür, dass Sie ungestört bleiben – zumindest für eine Stunde. Wenn Sie mögen, lassen Sie eine entspannende, ruhige Musik laufen. Wenn Sie eine Klangschale haben, nehmen Sie diese. Oder genießen Sie einfach die Ruhe. Schlagen Sie bei den folgenden Fragen die Klangschale mit dem Klöppel in der Stimmung an, die Ihnen beliebt. (Falls Sie aber geneigt sein sollten, die Klangschale zu zerbeulen oder sie gar gegen die Wand zu schmeißen, machen Sie besser eine Pause – und gönnen sich erst später Ihren Blick in den Spiegel.)

- Schauen Sie jetzt tief in Ihre Augen.
- Versuchen Sie es. Je öfter Sie wirklich hinschauen, umso leichter wird es.
- Welche Gedanken steigen in Ihnen hoch? Lassen Sie Ihre Gedanken wandern ...
- Schauen Sie weiter hin. Wer schaut Sie dort an?
- Wie wäre es, dieses Spiegelbild, so wie es ist, einfach anzunehmen? Können Sie das?
- Wenn es noch nicht so leicht für Sie sein sollte ... versuchen Sie es immer wieder, bis Sie sich ein Lächeln schenken können. Seien Sie sicher, es geht und es gibt keinen Grund, sich nicht zuzulächeln!
- Versuchen Sie es auch einmal mit Schielen. Schielen Sie sich an und atmen Sie diesen schrägen Blick einmal ein.
- Schließen Sie dann kurz die Augen und blicken Sie sich wieder an.
- Vielleicht sehen Sie jetzt etwas anderes.
- Erlauben Sie sich nun ein Lächeln.
- Halten Sie kurz inne – betrachten Sie Ihr Spiegelbild.

Und dann: Beglücken Sie sich noch einmal mit einem Lächeln und antworten Sie spontan auf folgende Fragen:

- Welche Gefühle habe ich morgens beim Aufstehen?
- Was nehme ich als erstes wahr?
- Fühlt sich dies gut – oder weniger gut an? Was oder wer ist es?
- Was will ich nicht mehr missen in meinem Leben?
- Wonach sehne ich mich? Was wünscht sich mein Herz?
- Was oder wer bringt mich zum Lachen?
- Glaube ich, das Beste in meinem Leben verdient zu haben?

Geben Sie sich Ihre Antworten. Es macht Sinn, diese Gedanken zu notieren. So schaffen Sie Verbindlichkeit für sich selbst und können von Zeit zu Zeit Ihre Ein- und Ansichten nachlesen. Vielleicht haben Sie sich schon ein Vergissmeinnicht hingestellt? Denken Sie an den Strandspaziergang zurück. Nehmen Sie einen tiefen Atemzug und stellen Sie sich dann die Fragen:

- Ist das Leben, das ich lebe, wirklich mein eigenes Leben?
- Träume ich nur, oder lebe ich meinen Traum vom Leben?
- Was in meinem Herzen wünscht sich etwas Neues?
- Liebe ich mein Leben?

STOPP

Betrachten Sie Ihr Spiegelbild, achten Sie vor allem darauf, welche Gefühle die einzelnen Fragen bei Ihnen auslösen. Notieren Sie sich jetzt, was Sie künftig besser machen möchten. Wagen Sie, auch unvernünftige, verrückte Dinge zu wollen.

Blickfang

Wen oder was haben Sie wirklich beim Blick in den Spiegel gesehen? Konnten Sie Ihr Spiegelbild aushalten? Oder hatten

Sie immer wieder etwas an sich auszusetzen? Überlegen Sie öfter, ob Ihre Antifaltencreme noch reicht oder haben Sie sogar schon das Geld für einen Schönheitschirurgen zurückgelegt?

Wenn Sie sich in dieser Weise anschauen, erkennen Sie nicht sich selbst! Sie schauen mit den Augen anderer. Sei es mit dem Filter eines Schönheitsideals, das von der Persönlichkeit absieht oder mit Gedanken, die Ihnen jemand wie einen Schleier über die Augen legte, um Sie – warum auch immer – unter Druck zu setzen. Seien Sie also achtsam beim Blick in den Spiegel, damit Sie sich wirklich selbst sehen und erkennen.

Falls Sie häufiger das Gefühl haben, sich ins rechte Licht rücken oder bemerkbar machen zu müssen, sollten Sie den jeweiligen beruflichen bzw. privaten Zusammenhang überdenken. Es besteht sonst die Gefahr, dass Ihre Blaue Blume verdorrt, da Sie nicht gut auf sich aufpassen und Lebensenergie nicht dorthin fließen lassen, wo es für Sie zum Besten ist. Sie machen sich dann abhängig vom Wohlgefallen der anderen. Ihr Verhalten ist das eine, Ihr Selbstwert das andere. Es kann natürlich sein, dass Sie einmal nicht aufgepasst haben, Ihnen etwas zu Bruch geht oder Sie anderen durch eine Unbedachtheit Schaden zugefügt haben. Aber das kann ja jedem passieren. Entschuldigen Sie sich, regulieren Sie eventuell den Schaden, doch machen Sie Ihren Selbstwert nicht von einem solchen Verhalten abhängig. Sie sind kein schlechter Mensch, nur weil Sie etwas falsch gemacht haben! Und lassen Sie sich dies auch unter keinen Umständen einreden.

Wenn Sie das Gefühl haben, von einem Ihrer Mitmenschen vernachlässigt oder übergangen zu werden, fragen Sie sich, warum es überhaupt so wichtig für Sie ist, dass der andere Sie beachtet. Sollte es für Sie bedeutsam sein, grübeln Sie allzu sehr über das *Warum* nach und beginnen Sie sogar, es dem anderen recht machen zu wollen, riskieren Sie, sich selbst aus den Augen zu verlieren. Sprechen Sie den anderen besser an, warum er an Ihnen vorbeischaut (oder stellen Sie ihm ein Bein!). Aber wundern Sie sich nicht, wenn dieser gar nicht an

Ihnen interessiert ist. In meiner Praxis kommt es selbst bei langjährigen Beziehungen vor, dass ein Partner kein Interesse mehr am anderen hat. Traurig, aber wahr!

Also, schauen Sie zunächst auf sich und erlauben Sie anderen nichts, was Ihnen nicht gut tut! Vielleicht sind Sie ja selbst gar nicht mehr interessiert an der Arbeit oder dem Partner – und verstecken sich bloß hinter der Ablehnung anderer? Wenn dem so ist, verplempern Sie wertvolle Lebensenergien und stellen sich selbst das Bein auf Ihrem Weg.

Beste Blickrichtung

Das Beste in Ihrem Leben wird erst durch Ihre eigenen Augen sichtbar. Daher ist es so wichtig, dass Sie sich beim ersten Schritt mit Ihrem Spiegelbild vertrauter machen. Nur so lernen Sie, klarer zu sehen. Mit einem verkniffenen Blick wird das wohl kaum gelingen. Dabei ist es nicht entscheidend, was andere von Ihnen denken und wie andere Ihre Leistungen und Ihr Aussehen bewerten, sondern einzig und allein, wie gut Sie mit sich selbst umgehen – wie achtsam Sie sind, wie Sie auf Ihre ureigenen Sehnsüchte und Lebenswünsche achten.

Und Ihre Blaue Blume spiegelt sich in vielfältiger Weise auch in Gläsern, Tassen, Porzellanschüsseln, im Kaffee, Tee, Wein, Bier, selbst auf der Straße in Schaufenstern, Autoscheiben, in Wasserpfützen und polierten Türklinken. Wenn Sie dann in einem Augenblick Ihre Blaue Blume in den Augen Ihrer Liebe entdecken, können Sie sicher sein, sich auf einem gemeinsamen Weg zu befinden. Und es gibt noch einen besonderen Grund, warum Sie immer wieder einmal in den Spiegel schauen und bestens mit sich umgehen sollten: *Weil Sie es bis zu Ihrem Lebensende mit sich aushalten müssen!*

Beenden Sie daher jeden Spiegel-Dialog mit einem Augenzwinkern. Seien Sie sicher, Sie sehen sich wieder! Und lächeln Sie gerade in Situationen, die Ihnen gar nicht gefallen, in sich hinein mit der Gewissheit: Das Beste kommt erst noch!

Einige Winke für den Blick in den Spiegel

Wenn Sie in den Spiegel schauen und nichts sehen sollten – selbst dann nicht, wenn Sie Ihre Brille geputzt haben –, rate ich Ihnen, in Ihrer Ahnenreihe nachzuforschen ... vielleicht gab es da einmal einen Vampir.

- Wenn Sie den Teufel im Spiegel lächeln sehen sollten, bekommen Sie keine Panik. Seien Sie sicher, er ist es nicht. Sie haben wohl heute nur schlechte Laune! Ein bisschen entspannen hilft bestimmt.
- Wenn Sie immer einen anderen sehen als sich selbst, sollten Sie die Brille wechseln.
- Versuchen Sie aber auch einmal, sich mit den Augen anderer anzuschauen. Wie sehen diese Sie? Was glauben Sie? Allerdings, einfacher wird sein, Sie fragen sie einfach!
- Und wenn Sie jemand im Spiegel besonders liebevoll anlächeln sollte, schauen Sie nach hinten, wenden Sie sich zu diesem Menschen hin, vielleicht könnte das ja das Beste sein, was Ihnen je passiert ist.

Weiter zum nächsten Schritt

Der erste Schritt wird selten beim ersten Gehversuch oder an einem Tag gelingen – doch das ist ganz normal: Es ist ja der *erste* Schritt in ein neues Leben. Wenn Sie Ihr Spiegelbild erst noch kennen- und akzeptieren lernen müssen, sollten Sie sich die Zeit, die Sie dazu benötigen, gönnen. Sie werden erleben, dass Ihr Blick weicher und mit der Zeit auch noch schelmischer wird. Selbst Schielen fällt Ihnen dann leichter. Schauen Sie doch auch einmal andere etwas scheel an. Diese denken ohnehin immer, was sie wollen. Lernen Sie Ihr Leben mit Ihren eigenen Augen zu sehen. Wiederholen Sie den ersten Schritt, aber gehen Sie ruhig weiter zum zweiten Schritt, auch wenn Sie noch nicht alle Antworten gefunden haben und Sie noch mit Ihrem Selbstbild experimentieren.

Riskieren Sie doch abschließend noch einen kurzen Blick in den Spiegel: Hat der Mensch, der Sie dort anschaut, heute schon geliebt?

STOPP

Vielleicht mag folgendes Lied von Udo Jürgens Ihr Spiegelbild erfreuen:
»Alles, was gut tut« ...

Zweiter Schritt: Schaue auf Deine Lebensentscheidungen

Es ist besser, unvollkommene Entscheidungen durchzuführen, als immerzu nach vollkommenen Entscheidungen zu suchen, die es niemals geben wird.
Charles de Gaulle

Nachdem Sie sich im Spiegel angeschaut haben, wissen Sie, um wen es geht und wen Sie nicht mehr aus den Augen lassen sollten, wenn Sie Ihre eigenen Vorstellungen verwirklichen und in ein neues Leben gehen wollen. Nehmen Sie im zweiten Schritt Ihre Entscheidungen in Augenschein: Spiegeln Ihre Lebensentscheidungen wirklich das wider, was Sie sich wünschen und wollen? Durchleuchten Sie mithilfe Ihrer Blauen Blume, inwieweit sich hier auch Ihre Sehnsüchte und Herzenswünsche widerspiegeln.

Ihre Entscheidung wird gebraucht!

Hinter Problemen und Krisen stehen häufig nicht getroffene solche bzw. Entscheidungen, die wohl für uns nicht das Beste waren – oder die von anderen getroffen wurden. Krisensituationen sind daher nicht das Problem: Diese bringen uns nur dahin, wo wir schon länger etwas hätten klären sollen. Stattdessen haben wir die Dinge einfach laufen lassen. Um zu verändern, was uns nicht gut tut, bedarf es einer Entscheidung.

Wenn Sie also immer wieder in gleiche Problemsituationen gelangen, ob beruflich oder privat, Ihnen häufig etwas fehlt, etwas Sie unzufrieden macht oder nicht weiterbringt, sollten Sie etwas in Ihrem Leben ändern. Denn wer tagein, tagaus das Gleiche tut, darf sich nicht wundern, auch immer das Gleiche zu erleben – und er darf sich ebenfalls nicht wundern, wenn er von einer Krise in die nächste stolpert. Dabei können Sie sicher sein, dass es nicht an Ihren Mitmenschen liegt, wenn es »ausgerechnet« Sie trifft.

Auf unserem Lebensweg machen wir unsere Erfahrungen und verstehen mehr und mehr, was uns gut tut bzw. was wir besser lassen sollten. Eigentlich geht es immer wieder darum, eine Zwischenbilanz zu ziehen und uns für den weiteren Weg zu *entscheiden*. Und wir selbst sind es, die diese Entscheidungen treffen müssen. Doch ist dies zugleich der wunde Punkt: Vielen fällt es schwer, sich persönlich zu entscheiden, weil sie entweder selbst nicht genau wissen, was sie wollen, es ihnen an Selbstvertrauen fehlt oder sie Angst vor falschen Entscheidungen haben. Dies ist vor allem dann der Fall, wenn sie Ablehnung und Kritik befürchten. Das Fatale daran ist aber, wenn wir nicht selbst unsere Entscheidungen treffen, werden diese von anderen getroffen – und das ist nicht gerade das Beste für unser eigenes Leben.

Aber Sie sind ja auf dem Weg zum Besten und wissen, worauf es ankommt. Entscheidungsfähigkeit setzt Nähe zu sich selbst voraus (– und Sie haben bereits im ersten Schritt den Blick in den Spiegel gewagt, oder?). Ohne diese emotionale Nähe bleiben wir allzu distanziert dem gegenüber, was im Leben passiert. Sind wir obendrein gelassen, bekommen wir nicht nur mehr vom Leben mit und nehmen das Beste für uns wahr, sondern treffen auch die besten Entscheidungen für uns!

STOPP

Bevor Sie sich Antworten auf die folgenden fundamentalen Entscheidungsfragen geben, überlegen Sie sich einmal: Wie fühlen Sie sich? In welcher Situation lesen Sie das Buch? Sind Sie mit Ihren Gedanken ganz dabei?

Lebensentscheidungen

Beim Blick in den Spiegel haben Sie sich bereits bedeutsame Lebensfragen gestellt. Dabei ging es primär um Ihr Lebensgefühl, ob Sie Ihr Leben auch als Ihr eigenes empfinden. Jetzt geht es darum, die Entscheidungen zu hinterfragen, nach denen Sie Ihr Leben ausrichten und die dafür verantwortlich sind, dass Sie so leben, wie sie es heute tun. Verschaffen Sie sich zunächst eine Übersicht über Ihre Lebensbereiche. Welche bedeutsamen beruflichen sowie privaten Entscheidungen fallen Ihnen ein? Wie lange ist es her, dass Sie sich für diesen Beruf bzw. diese Aufgabe oder Arbeitsstelle entschieden haben? Was war der Hauptgrund? Wie lange sind Sie mit Ihrem Partner zusammen? Welche Entscheidungen haben Sie für diese Beziehung getroffen? Wenn Sie wollen, notieren Sie sich die Antworten – vielleicht in Ihr MGB?

Einsicht

Lesen Sie die drei folgenden Fragen erst einmal durch und dann geben Sie Ihre Antworten:

- Stehen Sie hinter den Entscheidungen, die Sie beruflich und privat getroffen haben?
- Welche Entscheidungen machen Sie gar stolz und bereiten Ihnen die größte Lebensfreude?
- Haben Sie Entscheidungen korrigiert, weil Sie sie im Nachhinein bereuten?

Eigentlich brauchen Sie nur diese grundlegenden Fragen zu beantworten, um zu wissen, ob und in welchen Bereichen es bessere Entscheidungen für Ihr Leben zu treffen gilt. Und dann kommt es darauf an, ob Sie sie wirklich umsetzen. Aber die wichtigste Lebensentscheidung, die Sie treffen müssen, ist schlicht die Beantwortung der Frage: Wie will ich leben?

Blickfang

Ent-Scheidung – wenn wir das Wort so schreiben, wird deutlich, dass etwas verabschiedet werden muss. Bei jeder Entscheidung ist zwischen verschiedenen Möglichkeiten zu wählen. Und hier liegt auch ein Grund dafür, warum es manchmal recht schwerfällt, die »richtige Wahl« zu treffen. Vor allem dann, wenn die Alternativen uns eigentlich gleichwertig erscheinen. Wie es wirklich ist, wissen wir aber erst hinterher. Mit jeder Entscheidung ist also ein Verzicht verbunden. Und das bedeutet immer auch ein Loslassen.

Was es loszulassen gilt, sollte ebenso bei einer Entscheidung in Augenschein genommen werden. Denn wenn wir nur auf das schauen, was wir jetzt wollen, ist das zwar motivierend und bestimmend für unsere Entscheidung. Doch Vorsicht: Wir sollten uns auch über den Preis dafür im Klaren sein. Stellen Sie sich folgende Fragen, um klar abzuwägen, was wirklich besser für Sie ist:

- Wer oder was würde Ihnen am meisten fehlen, wenn Sie auf ihn oder es verzichten?
- Würden Sie gut damit klarkommen?[9]

Während Sie eine Antwort suchen, bleiben Sie ganz nahe bei sich, schauen Sie auch noch einmal in den Spiegel. Denn Sie nehmen sich ja mit, bei jeder Entscheidung!

Sollten Sie starke Widerstände spüren oder gar mit Müdigkeit, Kopf- oder Magenschmerzen reagieren, dann sind Sie unentschieden und sollten sich die Gründe deutlich machen.

Versuchen Sie diesen Gründen mit folgenden Fragen näher zu kommen:

- Welche Entscheidungen sind Ihnen unangenehm bzw. fallen Ihnen besonders schwer?
- Welche Entscheidungssituationen versuchen Sie zu vermeiden?
- Wissen Sie, warum Sie hier keine Entscheidungen treffen wollen?

Eine halbherzige Entscheidung jedenfalls bringt Sie nicht weiter zum Besten. Schauen Sie also gut hin, ob Sie den Preis Ihrer Entscheidung auch bezahlen können und wollen. Wenn dem so ist, dann ist jede Entscheidung richtig! Wenn nicht, werden Sie sich selbst *unbewusst* genügend Steine in den Weg legen und ein neues Leben blockieren.

Um welche Entscheidung es auch gehen mag, selten wird es ein radikaler Schritt oder der totale Lebenswandel sein – und es muss auch keinen Abbruch bisheriger Beziehungen bedeuten. Schon »kleine« Entscheidungen für oder gegen etwas können Sie näher zu Ihrem eigenen Leben führen. Allerdings sollten diese eindeutig sein, dann ergeben sich daraus weitere Schritte, vielleicht gar ein besonders großer.

Beste Blickrichtung

Lebensentscheidungen wirbeln viele Wenn und Aber auf, bringen Sie in die Mitte Ihres Herzens. Ihre Blaue Blume mag gar grell leuchten und Sie manchmal gar nicht mehr richtig hinsehen lassen. Ja, was uns trifft, bewegt uns. Bei Entscheidungssituationen gilt es auch, Gelassenheit zu üben; denn nur selten müssen wir sofort entscheiden. Häufig begleiten uns nicht getroffene Entscheidungen über Jahre hinweg. Doch treffen Sie Ihre Entscheidung besser, bevor Sie es tun müssen. Sonst entscheiden andere oder die Umstände für Sie. Selbst wenn es dann zu Ihrem Besten ist, wird doch das ungute Gefühl bleiben, beeinflusst worden zu sein. Dies muss ja nicht sein! Stellen Sie sich heute noch den Fragen, die oben aufgeworfen wurden. Denn wenn wir selbst keine Entscheidung treffen, ist dennoch etwas entschieden: Stillstand. Sich für nichts zu entscheiden, ist die schlechteste aller Entscheidungen.

Sollte also eine schnelle Entscheidung notwendig sein, ist es besser, eine zu treffen! Wenn Sie beispielsweise an einem Samstag in letzter Minute ein Spezialitäten-Geschäft aufsuchen, können sich dort aber weder für eine Sorte Käse noch für eine Rotweinmarke entscheiden, werden sie letztlich das Geschäft mit leeren Händen verlassen. Ich hoffe, dass Sie dann am Wochenende nicht riesige Lust auf Käse und Rotwein bekommen. Doch es wird wohl so sein. Das ist natürlich keine so entscheidende Lebensfrage gewesen ... oder doch?

Wenn wir ehrlich zu uns sind, wissen wir doch letztlich, was wir wollen – wäre da nicht die Furcht vor unangenehmen Konsequenzen. Es scheint nun einmal so, dass doch vielen ihre vertraute Unzufriedenheit – beruflich wie privat – lieber ist als das unbekannte Neue. Aber dies kann nicht die beste Entscheidung sein. Da ja die Entscheidung bei jedem selbst liegt, können wir uns für das Beste im Leben entscheiden!

Einige Winke für Ihre Entscheidungen

- Wer alles vor einer Entscheidung absichern will, will sich nicht entscheiden.
- Die beste Entscheidung ist, eine zu treffen!
- Erlauben Sie sich, Fehlentscheidungen zu korrigieren! Ihre Entscheidungen sind nicht in Stein gemeißelt und können verändert werden.
- Die wichtigste Entscheidung, die Sie treffen können, ist die, Ihr eigenes Leben zu leben, und wenn dem nicht so ist, ein neues Leben zu wagen.
- Wenn Sie eine Lebensentscheidung treffen wollen, beachten Sie, dass Sie keinen Scherbenhaufen hinter sich lassen

und auch, ob Sie nur weglaufen wollen. Beides ist kein Weg hin zum Besten.

- Eindeutige Entscheidungen bringen Sie eher zu einem Vielfachen von neuen Lebenserfahrungen und Lebensgenüssen als Unentschlossenheit.
- Das Herz spricht immer die Wahrheit, der Kopf neigt dazu, uns zu belügen. (Ich weiss, das können manche einfach nicht glauben.)
- Wer seine Blaue Blume fest in der Hand – im Herzen – hält, ist bei seinen Entscheidungen nicht alleine.
- Eine interessante Frage: Können wir überhaupt selbst entscheiden oder ist es Schicksal? Ja, wir spüren es, wenn wir auf unserem Lebensweg fast magisch in eine bestimmte Richtung gezogen werden, wir in bestimmte Situationen kommen, die uns gar bekannt, ja, vertraut vorkommen. Wir sind nun einmal nicht die Herren des Universums, es gibt immer etwas, das viel größer ist als wir Menschen. Dennoch: Festgelegt ist unser Weg nicht – eher spielt sich beides parallel ab. Wir folgen »irgendwie« unserem Lebensweg und gleichzeitig treffen wir Entscheidungen über die Richtung. Und entscheiden dann neu, wenn's nicht weitergeht oder nicht zu unserem Besten ist.
- Man sagt, dass nie so heiß gegessen wie gekocht wird. Dem ist wohl so. Aber wenn ich an manchen Blick in den Spiegel denke, sahen meine Lippen doch recht verbrannt aus ... was hatte ich denn falsch gemacht ... eben, ich hätte schon hin und wieder einmal genauer hinschauen und mich selbst für das beste Lebensgericht entscheiden sollen. So hatte ich öfter einmal das ausgelöffelt, was andere mir hinstellten (– ich meine hier aber nicht meine Mutter; ihre Gerichte waren immer die besten!).
- Es ist auf jeden Fall besser, uns schon vor dem Sterben für das Leben zu entscheiden. Das ist wirklich die beste Entscheidung!

Weiter zum nächsten Schritt

Ebenso wie der Blick in den Spiegel brauchen auch Entscheidungen unsere Achtsamkeit und emotionale Nähe. Vielleicht haben Sie sich ja Notizen zu Ihren Entscheidungen gemacht. Nehmen Sie diese mit zum nächsten Schritt. Im dritten Schritt können Sie Ihre Erwartungshaltungen, die durch unsere Entscheidungen mit erzeugt werden, in Augenschein nehmen. Welche Entscheidung wollen Sie als nächste treffen?
Hierzu noch ein Rat von Karl Kraus:
»In zweifelhaften Fällen entscheidet man sich für das Richtige.«

STOPP

Folgende Musikempfehlung möge Ihre Entschlusskraft fördern:
Das Lied von Udo Jürgens: »Ich würd es wieder tun«

Dritter Schritt: Schaue auf das, was Du vom Leben erwartest

Erwarte einfach nur das Beste ...

Erwartungshaltungen hängen eng mit unseren getroffenen Entscheidungen zusammen. Sie beeinflussen »entscheidend« unsere Einstellung zum Leben. Daher sollten wir für unseren neuen Weg genau hinschauen, was da in uns *wartet*. Im positiven Sinne erzeugen wir durch Erwartungshaltungen den Wunsch, etwas ganz Bestimmtes zu verwirklichen, und gewinnen hieraus Motivation. Erwartungshaltungen sind insofern *entscheidende* Lebenseinstellungen, die uns weiter- und auch aus dem Laufrad bringen können.

Allerdings: Wenn wir durch unbestimmte Gefühle oder nicht geäußerte Wünsche vor allem von anderen etwas erwarten, wird es problematisch. Wir *halten* uns dann von der Erfüllung unserer Lebenswünsche regelrecht selbst ab. Andere werden gar verantwortlich gemacht, dass sie uns nicht das geben, was wir von ihnen erhoffen. So machen wir uns abhängig von dem Wohlgefallen unserer Mitmenschen, die wir – ohne deren Erlaubnis – zu unseren Wunscherfüllern erklärt haben.

Wenn wir also zu hohe Erwartungshaltungen an andere aufgebaut haben, kann uns das auf Dauer nur frustrieren und enttäuschen – und diese ebenso. Im ersten Kapitel haben wir uns schon mit der Bedeutung von Enttäuschungen und mit dem Erwartungsdruck befasst (vgl. Enttäuschung – Ich habe mich getäuscht, Weg mit dem Erwartungsdruck).

Klären Sie also mit dem dritten Schritt, was da in Ihnen erwartet:

Einsicht

Halten Sie kurz inne und werden Sie sich des Augenblicks bewusst, in dem Sie sich befinden. Atmen Sie tief ein und aus. Lassen Sie Ihren Atem fließen. Sitzen oder liegen Sie bequem? Lassen Sie Ihre Augen dort umherschweifen, wo sie sind. Kneifen Sie Ihre Augen dann einmal fest zusammen. Nehmen Sie noch einen tiefen Atemzug und lesen Sie nun die folgenden Fragen:

- Was erwarten Sie von Ihrem Leben?
- Was erwarten Sie von sich selbst?
- Was erwarten Sie von anderen?

Geben Sie spontan Ihre Antworten und wenn Sie wollen, notieren Sie sich diese. Es ist tatsächlich nur die Beantwortung dieser drei Fragen, die Ihnen klarmachen kann, welche Haltung Sie Ihrem Leben, sich selbst und anderen entgegenbringen. Stellen Sie sich hin und wieder diese Fragen, um zu schauen, in welcher Erwartungshaltung Sie vielleicht *stecken*.

Manchmal können wir uns dabei erwischen, wie wir still in uns so manche Erwartungshaltung gegenüber anderen hegen und dürfen uns dann nicht wundern, wenn wir enttäuscht werden bzw. wir in unserem Leben auf der Stelle treten. Ja, es gibt auch positive Überraschungen. Doch nur darauf zu warten, ist verschenkte Lebenszeit!

(Eine Frage, die Sie vielleicht auch in diesem Zusammenhang beschäftigen mag, ist: Was wohl andere von Ihnen erwarten? Dieser Frage werden wir uns im sechsten Schritt in Bezug auf Partner- und Freundschaft zuwenden.)

✋ STOPP ✋

Nachfrage: Wie ist es bei Ihnen?

- *Erwarten Sie nichts Gutes von sich selbst oder von anderen?*
- *Oder erwarten Sie von sich und anderen das Beste?*

Blickfang

Wenn Sie sich häufig mit Vorstellungen belasten sollten, was Ihnen alles so passieren könnte, wie zum Beispiel der Verlust Ihres Arbeitsplatzes, Krankheiten, Unfälle, eine plötzliche Geldentwertung oder dass Sie von Ihrem Partner verlassen werden, dann haben Sie Ihr Bestes aus den Augen verloren. Durch negative Erwartungshaltungen *sehen* Sie in Ihrem Leben ständig etwas, das es nicht gibt. Möglich ist natürlich alles. Aber eben auch das Beste!

Das Fatale bei einer destruktiven Haltung zum Leben ist: Je länger Sie mit einem solchen Erwartungs-Blick schauen, werden Sie alles, was Ihnen begegnet, als Zeichen dafür deuten, dass Sie recht haben. Sie werden schließlich allen stolz erzählen: »Das habe ich ja schon immer gewusst!« Nun, dumm gelaufen, würde ich sagen. Denn Sie haben das, was Sie befürchtet haben, selbst geschaffen.

Was soll zum Beispiel Ihr Partner glauben, wenn Sie ihm häufiger misstrauisch begegnen und ihn fragen: »Warum kommst Du erst jetzt nach Hause?« Das macht sicher gute Gefühle und fördert eine gemeinsame Zukunft. Oder, wenn Sie in den kleinsten Berufsproblemen schon Belege dafür sehen, bald gekündigt zu werden. Sie werden leider recht behalten.

Und Sie wissen ja aus dem ersten Teil des Buches, wenn Sie sich häufig unter Druck fühlen und versuchen, ständig Ansprüche anderer zu erfüllen, tut Ihnen das auch nicht gut. Also, verlieren Sie nicht Ihr Bestes aus den Augen, weil etwas in Ihnen nicht glauben kann, dass Sie es verdient haben. Betrachten Sie Ihr Spiegelbild: Wer Sie dort anschaut, hat das Beste verdient – und darf sich erlauben, es zu erwarten!

Beste Blickrichtung

Wenn Sie das, was Sie von Ihrem Leben erwarten, schon klarer sehen, sind Sie auf Ihrem neuen Weg ein gutes Stück vorangekommen. Vor allem geht es sich gelassener, wenn man weiß, was man erwarten kann. Nehmen Sie hierzu auch Ihre Erlaubnisscheine sowie, falls vorhanden, Ihre Entscheidungs-Notizen vom vorangegangenen Schritt und entwickeln Sie konstruktive Erwartungshaltungen. Fühlen Sie auch in das Bild Ihrer Blauen Blume hinein – oder falls Sie schon ein Vergissmeinnicht hingestellt haben, schauen Sie dorthin. Erfreuen Sie sich an dem, was bereits ist. Alles kann nie schlecht sein!

Erwarten Sie von sich selbst weiterhin, an einem Tag so viel wie irgend möglich zu schaffen oder verausgaben Sie sich häufig und sind abends kaum noch ansprechbar? Haben Sie kaum mehr Lust auf anderes, müssen sich gar Ihre Nachtruhe regelrecht »ertrinken«? Dann haben Sie Ihren Stachel PSFM noch nicht gezogen. Aber Sie wissen ja jetzt, wie Sie sich von ihm befreien und gelassener voranschreiten können.

Die Zukunft beginnt heute, und für das, was wir erwarten, können wir in jedem Moment die Voraussetzungen schaffen. Aber Sie brauchen heute nicht alles zu geben. Leben Sie, was Ihnen wichtig ist, und geben Sie auch hier von Ihrem Besten, doch maßvoll; schließlich ist morgen auch noch ein Tag. Es ist menschlich, Zweifel zu haben, doch sind diese, genau wie die Angst, keine guten Ratgeber. Lassen Sie sich von solchen Gedanken nicht plagen, verscheuchen Sie diese und klären Sie heute noch, was Sie zweifeln lässt. Damit geben Sie dem neuen Tag eine Lebenschance!

Es ist nicht nur so, dass andere uns enttäuschen. Wir tun es ja auch, wenn wir uns verstellen, um diesen zu gefallen. Doch irgendwann werden wir nicht mehr wollen und können oder die anderen durchschauen uns. Klären Sie, was Ihre Mitmenschen von Ihnen erwarten – und schon sind Sie ein Stück weiter hin zum Besten – ob mit ihnen oder ohne sie. Bisherige Erfahrungen sind das eine, was wir erwarten, das andere. Wenn Sie das Beste erwarten, werden Sie es schließlich erhalten.

Einige Winke für Ihre Erwartungshaltungen

- Jeder Tag, an dem Sie leben, ist heute, also können Sie gelassen sein und erwarten, dass der nächste Morgen ein neues Heute bringt.
- Erfüllen Sie die Erwartungshaltungen der anderen nur dann, wenn Sie es wirklich wollen.
- Seien Sie skeptisch gegenüber denen, die Ihnen sagen, Sie müssten heute alles tun. Hier kann sich in Ihnen Panik breitmachen, da Sie glauben, nur noch diesen Tag zu erleben. Gehen Sie davon aus, Sie haben zumindest noch einen Tag ... aber höchstwahrscheinlich haben Sie noch eine Menge mehr davon – und es wird sich lohnen, denn Sie wissen ja: Das Beste kommt erst noch!
- Bereit sein ist alles! Erwarten Sie das Beste in Ihrem Leben.

Weiter zum nächsten Schritt

Es geht voran. Drei Schritte in Richtung hin zum Besten, zu einem neuen Leben, sind Sie jetzt gegangen. Gönnen Sie sich nun eine Pause. Denn in uns wartet einiges, das besser zunächst einmal in Augenschein genommen werden sollte, damit wir nicht vergeblich warten müssen oder unangenehm überrascht werden. Und auch unsere Sehnsucht will noch in diesem Leben erfüllt werden – und das bedeutet wie und wo auch immer: ein neues Leben beginnen.

STOPP

Was erwarten Sie vom nächsten Schritt?
Verkürzen Sie sich Ihre Wartezeit etwas mit einer Sehnsuchtsmelodie.
Ich empfehle Bob Dylan: »Knocking on heaven's door«
und Udo Jürgens: »Ich war noch niemals in New York«
... auch wenn Sie schon dort waren.

Vierter Schritt: Schaue auf Deinen Lebensweg

Dieser Weg wird kein leichter sein.
Dieser Weg ist steinig und schwer...
Mit nicht vielen wirst du dir einig sein.
Doch das Leben bietet so viel mehr...
»Dieser Weg« von Xavier Naidoo

Der beste Weg kann nur der sein, den *Sie* zu gehen entschieden haben und beschreiten. Sie wissen auch selbst am besten, in welchen Schuhen Sie sich wohl fühlen. Unser Leben ist ein Geschenk und braucht unsere ganze Aufmerksamkeit und Liebe. Das ist nicht einfach, doch warum soll es denn immer einfach, ja, »simpel« sein? Wie froh und auch stolz sind wir, wenn wir etwas geschafft, erreicht oder überwunden haben! Wie heißt es doch in dem Lied von Udo Jürgens: »Wer niemals leidet, kann sich auch nicht freun', und wer nie stürzt wird sich nie erheben, doch wer sich treu bleibt, hat nichts zu bereun.«[10]

Denn das Beste oder das Glück fallen uns nicht einfach zu, sondern ergeben sich aus unserem eigenverantwortlichen Handeln, einer gelassenen Gangart sowie lebhaften und fröhlichen Augen. Und natürlich spielt auch das Lächeln von Fortuna eine Rolle.

Der Weg, auf dem ich Sie einen Moment begleiten darf, führt in ein neues Leben. Hierzu ist es gut zu wissen, wohin uns der bisherige Weg geführt hat. Beste Zeit, jetzt Bilanz zu ziehen: Standort- und Kursbestimmung!

Es kommt hierbei nicht auf die Details an, sondern auf die Spuren, die Sie bisher auf den Feldern des Lebens hinterlassen haben. Ebenso geht es darum, wie Sie sich heute fühlen und in welcher Richtung Sie weitergehen wollen. Denn das Leben liegt vor uns, was hinter uns liegt, bleibt Erinnerung und ist bereits gelebt.[11]

Einsicht

Unser Lebensweg ist natürlich komplex, hat vielfältige Ausprägungen, Tiefen und Höhen, Farben, Düfte und all das, was »lebendig sein« bedeutet. Aber unser Leben ist nicht wirklich kompliziert. Wir machen es selbst kompliziert, da wir irgendwann den Überblick verlieren, das große Ganze nicht mehr sehen bzw. wir uns nicht mehr an das Gewesene erinnern wollen. Machen Sie es besser – vergegenwärtigen Sie sich daher zunächst die bedeutendsten Wendepunkte Ihres Lebens.

Atmen Sie tief ein und aus. Kneifen Sie Ihre Augen fest zu und öffnen Sie diese wieder langsam. Vielleicht mögen Sie sich etwas die Augen reiben. Gönnen Sie Ihrem Gesicht eine Streicheleinheit. Schauen Sie sich dann um, wo Sie sind. Lassen Sie

Ihren Atem fließen. Sitzen oder liegen Sie bequem. Lesen Sie zunächst die Fragen durch:

- Was waren bisher Ihre besten, schönsten Zeiten?
- Welches waren bisher Ihre schlechtesten, krisenhaftesten Zeiten?

Lassen Sie die Fragen etwas auf sich wirken, vielleicht mögen Sie sich einige Notizen machen. Stichworte genügen; denn die Details kennen Sie ja und es kommt nur darauf an, sich zu erinnern und Ihren Erfahrungsschatz zu aktivieren. Erinnern Sie sich jetzt daran:

- Was haben Sie aus diesen Erlebnissen gelernt, welche Konsequenzen gezogen?
- Waren es Wendepunkte in Ihrem Leben? Wie haben sich diese bemerkbar gemacht?

Nehmen Sie sich so viel Zeit für die Beantwortung dieser Fragen, wie Sie brauchen. Aber verlieren Sie sich nicht in der Suche nach Antworten. Was Sie zuerst gedacht haben, ist das, was wichtig ist. Vergessen Sie den Rest!

STOPP

Nun ist eine gute Zeit, Ihre Berufs-Lebens-Bilanz zu ziehen.[12] Auch hier kommt es nicht auf Details an, sondern auf das *Ergebnis* Ihrer Erfahrungen:

- Welcher Mensch sind Sie geworden? (Vielleicht gehen Sie kurz noch einmal zum ersten Schritt zurück.)
- Welches Lebensgefühl haben Sie?
- Welche Lebenseinstellung?
- Was ist Ihnen am wichtigsten in Ihrem Leben?
- Gibt es Menschen und Aufgaben, ohne die Sie nicht mehr leben wollen?
- Kennen Sie Ihre Lebensaufgabe? (Diesem »roten Faden« werden wir im nächsten Schritt weiter nachgehen.)

Die Antworten auf diese Fragen spiegeln Ihnen wider, wohin Sie Ihr Weg geführt hat. Bei den folgenden Schritten – Berufung, Beziehungen, Lebensort und Schönheit – werden Sie weitere Hinweise auf Ihren heutigen Standort finden können. Wie Sie im zweiten Schritt schon erfahren haben, kommt es darauf an, dass wir uns eindeutig entscheiden und dass wir es überhaupt tun. Sich nur mit seinen Erinnerungen zu beschäftigen, nimmt einem den Blick auf das Heute und ebenso den nach vorne. Es ist nicht gerade empfehlenswert, ständig in den Rückspiegel zu schauen. Beim Autofahren leuchtet dies ja rasch ein. Das Gleiche gilt jedoch für unseren Lebensweg: Wer ständig in seinem Leben auf das zurückschaut, was war, übersieht das Beste, was er heute und künftig noch erleben kann. Schauen Sie also nur zurück auf das für Sie Wesentliche, ziehen Sie eine Bilanz. Wenn Sie hierbei feststellen, dass Sie keine ausgeglichene Lebensbilanz haben, auf der Stelle treten oder sich in einem Laufrad befinden: Bestimmen Sie einen *neuen* Kurs und steigen Sie in ein *neues* Leben ein. Dafür sind grundlegende Entscheidungen zu treffen, wie Sie diese bereits im zweiten Schritt kennengelernt haben. Vergleichen Sie doch jetzt einmal diese Entscheidungen mit den Ergebnissen Ihrer Lebensbilanz. Spiegeln sie sich bereits in Ihrem Lebensweg wider?

Warum es so wichtig ist, seine bisherige Wegstrecke zu betrachten, konnten Sie bereits im ersten und zweiten Teil des Buches erlesen: Es liegt an der Endlichkeit des Lebens, die zugleich ein großes Glück ist. Denn wer diese akzeptiert hat, wird mit seiner Lebenszeit besser umgehen.[13] Wie schreibt doch Seneca so treffend: »Es ist nicht zu wenig Zeit, die wir haben, sondern zu viel Zeit, die wir nicht nützen.«

- Womit verbringen Sie denn Ihre Zeit?
- Wenn Sie auf die vergangene Woche blicken, wie viel Zeit haben Sie mit dem verbracht, was Ihnen besonders wichtig ist? Wem oder was haben Sie Ihre ganze Aufmerksamkeit gewidmet?

- War es das, was Sie wirklich wollten? Oder haben Sie das Gefühl, wertvolle Zeit verschwendet zu haben? Haben Sie etwa ständig das Gefühl, zu nichts »Richtigem« zu kommen?

Vielleicht mögen Sie sich hierzu einige Notizen machen? Beantworten Sie dann folgende wichtige Fragen:
- Wollen Sie sich mehr Zeit für sich nehmen?
- Wie werden Sie diese Zeit künftig besser nutzen?
- Wie viel Zeit brauchen Sie für ein neues Leben?
- Wann werden Sie damit beginnen?

Ja, es ist nun einmal so, es fehlt nicht wirklich an Zeit, sondern an Aufmerksamkeit und Entschlusskraft, sich Zeit für sich selbst zu nehmen, für das eigene Leben! Und hierbei treffen die nächsten beiden Fragen wohl mitten ins Herz:
- Was verbinden Sie mit dem Älterwerden?
- Lieben Sie Ihr Lebensalter?

Auch hier könnten Sie sich spontan Notizen machen.

Vielleicht kann Sie das folgende Zitat von Antoine de Saint-Exupéry bei Ihrer Antwortsuche inspirieren: »Es ist gut, wenn uns die verrinnende Zeit nicht als etwas erscheint, das uns verbraucht, sondern als etwas, das uns vollendet«. Gut zu wissen, nicht?!

STOPP

Blickfang

Wie fühlen Sie sich in diesem Augenblick? Seinen Lebensweg in Augenschein zu nehmen, ist immer recht emotional – und keiner kann uns diese Aufgabe abnehmen. Doch mit den hier aufgeworfenen Fragen kommen Sie näher an das heran, was für Sie wirklich wichtig ist und wohin Sie Ihr Weg geführt hat.

Bleiben Sie also ruhig an diesen Fragen dran, es werden sich Antworten zeigen.

Mit zunehmendem Alter, vor allem dann, wenn wir die magische fünfzig überschritten haben, wird unser Lebensweg mehr und mehr zu einer überschaubaren Strecke. Älterwerden wird bei vielen bereits mit vierzig Jahren zu einem emotionalen Thema. Schließlich sind dann schon einige Jahrzehnte gelebt und man sieht sich mit anderen Augen. Unser Bewusstsein ist eher zeitlos, doch nehmen wir recht genau jede Veränderung in unserem Aussehen wahr. Mit dem ersten entdeckten grauen Haar oder einer Falte fährt vielen ein Schrecken in die Glieder: Jetzt bin ich auch dran! Die Endlichkeit des Lebens wird uns bewusster.

Doch ist Älterwerden mit das Natürlichste, was es im Leben gibt. Es ist aber weniger der persönliche als der öffentliche schmähliche Blick auf das Älterwerden, der unser Empfinden prägt. Denn wir sind nicht nur so alt, wie wir uns fühlen – sondern wir fühlen uns auch so alt, wie wir gesehen und in der Öffentlichkeit wie in den Medien dargestellt werden. Die Werbung hat einen starken Einfluss auf das, was als alt oder jung anzusehen ist. Hier findet eine Bewertung bzw. Abwertung von Lebensalter statt. Auch wie unser unmittelbares soziales Umfeld das Alter wahrnimmt und kommentiert, wird sich auf die Beantwortung der oben gestellten Frage: »Lieben Sie Ihr Lebensalter?«, auswirken.

Sie sind herausgefordert, sich selbst die beste Antwort auf diese Frage zu geben – und das bedeutet vielleicht für Sie, sich von überkommenen Vorstellungen und Einstellungen zum Älterwerden zu verabschieden. (Hierauf kommen wir noch einmal im achten Schritt zurück.) Jedenfalls ist dieses Thema nicht nur eine persönliche Herausforderung für jeden einzelnen, sondern eine kulturelle. Doch zu einer neuen Kultur des »älter Werdens«, wie ich Sie länger schon empfehle, kann jeder einzelne beitragen. Dieser Hinweis mag bei diesem recht großen und emotionalen Schritt hin zu Ihrem Besten genügend

Anregung sein, sich auch diesem Thema etwas mehr, vor allem unter dem Aspekt von »Happy Aging«, zu widmen.[14] Erinnern Sie sich noch an die Geschichte, in der der Mann ein besonders schönes Päckchen in der Kommode seiner Frau fand? Für die Gangart in unserem Leben, zumal für ein neues Leben, wirkt es wie ein Lebenselixier, sich der Kostbarkeit der Lebensjahre bewusst zu sein. Vielleicht wäre das schon Anlass genug, langsamer und gelassener voranzuschreiten.

Falls Sie sich Notizen gemacht haben, überfliegen Sie diese noch einmal: Mit welchen Gedanken und Gefühlen schauen Sie auf Ihren Lebensweg und Ihr Lebensalter? Sich von dem »schlechten Blick«, der in der Öffentlichkeit und in den Medien auf das Alter vorherrscht, zu befreien, ist auf jeden Fall besser. Jedes Lebensalter bietet das Beste! Wie wäre es mit folgender Blickrichtung:

Beste Blickrichtung

Die Art und Weise, wie Sie Ihren Lebensweg gehen, hängt davon ab, welche Einstellung Sie zu sich selbst und zum Leben haben. Wie alt Sie sich fühlen hängt auch davon ab, wie Sie sich selbst sehen – und nicht von Ihren Lebensjahren. Unser Lebensgefühl ist nicht biologisch bedingt. Es ist Ihr Leben und daher sollten Sie für sich nur die beste Einstellung wählen. Und dies hat mit unseren Erwartungshaltungen zu tun. Wer sein Bestes erwartet, kann es erleben. Und sein Lebensgefühl wird auch andere anregen, den natürlichen Lauf des Lebens anzunehmen. Jedes Lebensalter bietet die beste Zeit für ein neues Leben!

Einige Winke für Ihren Lebensweg und Ihre Lebenszeit

- Was gewesen ist, liegt hinter Ihnen. Es ist gelebt. Was kommt, das können Sie noch zu Ihrem Besten beeinflussen.

- Ihr Lebensweg ergibt sich durch Ihre Gangart (Gehen, Springen, Laufen, Tanzen, Traben etc.). Wie lange Ihr Weg gehen wird, können Sie nicht wissen, und glauben Sie keinem, der dies behauptet. Aber die Richtung sowie die Art und Weise, wie Sie voranschreiten, können Sie bestimmen.
- Lassen Sie sich nicht durch starre und willkürliche Altersgrenzen, wie den Beginn der Rentenzahlung, verunsichern und glauben Sie nicht, dann nichts mehr wert zu sein. Lächeln Sie lieber und freuen Sie sich auf das Beste, was dann noch kommen wird!
- Gestalten Sie Ihre Lebenszeit nach Ihren Lebensbedürfnissen – beginnen Sie die Woche doch am Donnerstag und Ihre Rentenzeit mit dreißig oder auch neunzig Jahren!
- Wenn Sie älter werden wollen, dann *Werden* Sie es besser!
- Versenken Sie Ihren Erfahrungsschatz nicht im »Silbersee«!

Marie Luise Kaschnitz hat die beste »Aussicht« gewählt: »Das Alter ist für mich kein Gefängnis, in dem man eingesperrt ist, sondern ein Balkon, von dem man weiter sieht.«

Weiter zum nächsten Schritt

Hiermit haben Sie einen großen Schritt getan. Denn nicht wenige fürchten sich davor, einen Blick auf Ihren Lebensweg zu werfen. Könnte doch da etwas sein, was man bereut – ob man nun etwas nicht getan hat, was man hätte tun sollen oder man etwas getan hat, was man besser hätte bleiben lassen sollen. Vorsicht: Mit solchen Gedanken blockieren Sie Ihren eigenen, neuen Weg! Wo steht denn geschrieben, wie Ihr Lebensweg hätte besser verlaufen sollen? Sie sind ein menschliches Original, das seinen Weg finden und sich Verirrungen erlauben darf. Jemanden wie Sie gibt es so nur einmal. Niemand kann wissen, welcher Weg und welches Leben für Sie das Beste ist! Von daher entlasten Sie sich von dem Gedanken, dass Sie etwas versäumt haben oder besser hätten tun sollen, nur weil andere dies vielleicht meinen. Probleme auf unserem Weg sind ohnehin nur dafür da, damit wir sie überwinden und dabei lernen, es künftig besser zu machen. Und Sie sind ja auf dem besten Weg, wenn Sie das Beste wollen.

Sie können sicher sein: Alles hatte Sinn, was Sie getan haben. Es ist schließlich Ihr Leben! Ihren Lebenssinn kann Ihnen sowieso keiner vorgeben. Und schon setzen wir zum nächsten, den fünftem Schritt an. Doch vorher, Sie wissen schon:

STOPP

Orientieren Sie sich auf Ihrem Lebensweg neu. Wie wäre es mit etwas musikalischer Begleitung?
Zum Beispiel könnten Sie mit dem Rockmusiker Bryan Adams singen: »Life is an open road«
Recht passend ist auch der Song von meinen Rockhelden Jethro Tull: »Too old to rock'n'roll – too young to die« *(Gut, dass ich auf Rock, Blues, Soul, Jazz und Klassik stehe.)*
Oder falls Sie lieber mit Frank Sinatra singen wollen, bitte schön: »My Way«

Fünfter Schritt: Schaue auf das, was Du tust

Arbeite, als würdest du kein Geld brauchen,
liebe, als hätte dich noch nie jemand verletzt,
tanze, als würde keiner hinschauen,
singe, als würde keiner zuhören,
lebe, als wäre das Paradies auf Erden!
Irisches Sprichwort

Wer sich auf den Weg macht, so sagt man, sucht nach dem Sinn. Wissen Sie, welchen Sinn das hat, was Sie erleben und tun? Natürlich könnte man schnell antworten: Warum muss alles einen Sinn haben? Das stimmt sogar. Dennoch: Irgendetwas in uns will, dass das, was wir sind und tun, sinnvoll ist. So ist es auch und das Beste daran ist: Lebenssinn kann uns keiner vorgeben, sondern jeder von uns ist geboren, damit er diesen für sich selbst herausfindet. Wer sich selbst verwirklicht, ist dann kein Egoist, wenn er sich selbst offen in die Augen schauen kann. Und für den, der wie Sie zu den Besten gehört, ist das keine Frage.

Etwas hat uns in dieses Leben gerufen bzw. berufen. Sehnen Sie sich danach, in Ihrem Leben eine Spur oder einen *Eindruck* zu hinterlassen? Vielleicht ein beeindruckendes Lebenswerk oder eine Verrücktheit oder zumindest ist da der Wunsch, dass es einen Menschen gibt, der Sie nicht vergisst? Gut, dann schauen wir mal: Machen Sie sich in diesem fünften Schritt klarer, was Ihr Leitmotiv in diesem Leben sein könnte und was dies für ein neues Leben bedeuten kann. Das Wissen um unser Leitmotiv schenkt uns die Lebensenergie, unseren Weg zu gehen. Ansonsten verbrauchen wir allzu viele Energien für die Suche – und kommen vielleicht gar nicht zum Finden. Doch auch das kann schließlich Sinn machen. Vielleicht sollten wir dann erkennen, einfach einmal loszulassen.

Gehen wir also gemeinsam auf die Suche nach dem *roten Faden*, der sich von Geburt an durch unser Leben zieht. Dieser rote Faden wird uns irgendwann in einem vielfarbig aufgewickelten Wollknäuel unterschiedlicher Größe oder als ein Berg voller Fäden mitgegeben – auf unsere Reise mit unbekanntem Ziel.[15]

Einsicht

Beim dritten Schritt konnten Sie darauf schauen, was Sie von Ihrem Leben erwarten. Wenn Sie sich Notizen gemacht haben, könnte dort etwas stehen, was Ihnen besonders wichtig ist bzw. Sie befürchten. Diesem Faden folgen Sie in Ihrem Leben.

Vielleicht ist es beruflicher Erfolg, ein Lebenswerk, ein Ort, ein besonderer Mensch oder Freunde. Jedenfalls etwas, dem Sie zu begegnen wünschen. Sollte es etwas sein, vor dem Sie sich fürchten, werden Sie sich wohl auf Ihrem Lebensweg immer wieder darin »verstricken«. Aber Sie hatten im vorangegangenen Schritt Gelegenheit, sich von solchen Vorstellungen bzw. Verstrickungen zu verabschieden – und können dies immer noch tun. Mit den folgenden Fragen kommen Sie dem, was Sie in dieses Leben be- oder gerufen hat, näher – auf einige davon haben Sie vielleicht schon in den bisherigen Schritten Antworten gegeben:

- Was tun Sie am liebsten?
- Welche Spur oder welchen Eindruck möchten Sie im Leben hinterlassen?
- Wie wichtig Ist es für Sie, Beruf und Lebenssinn in Einklang zu bringen?
- Wissen Sie schon, was Sie nach Ihrer beruflichen Lebensphase tun wollen?

Diese Fragen führen Sie in das Zentrum dessen, was Sie in Ihrem Leben bewegt, zu dem, was Sie auf Ihrem Weg leitet. Lassen Sie die Fragen zunächst einfach auf sich wirken, notieren Sie dann Ihre Antworten.

STOPP

Haben viele Ihrer Antworten einen Bezug zum Berufsleben? Wundern würde es nicht; denn wir sind in unserer Kultur gedanklich recht schnell als »Berufsmenschen« gefangen und reduzieren die Vielfalt des Lebens auf die Berufstätigkeit. Aber diese Art von Mensch ist nur eine der unendlichen Möglichkeiten des Menschseins und in unserer Kultur gilt es noch viele Möglichkeiten der Lebenskunst zu entdecken.[16] Daher mein Rat: Beleuchten Sie mit der Blauen Blume und durch Einsatz Ihres Vorstellungsvermögens Ihren Lebensweg, ja, möglichst über den Horizont hinaus. Da gibt es für Sie sicherlich noch mehr zu erleben.

Ihren roten Faden können Sie auch aufspüren, wenn Sie immer wieder einmal hinterfragen, was Sie beruflich wie privat tun: Warum tue ich dies und jenes? Was erwarte ich nur davon? In welchem Verhältnis stehen dabei Geben und Nehmen? Bin ich auch wirklich bereit, den »Preis« zu bezahlen? Gibt es andere Möglichkeiten, das zu erhalten, was ich erhoffe? Was tue ich letztlich nur, um etwas anderes zu vermeiden? (Vielleicht mögen Sie noch einmal kurz zwei Schritte zurückgehen zum dritten Schritt, Ihren Erwartungshaltungen – dann können Sie ja wieder von hier aus weiterschreiten ...) Geben Sie Ihren Sehnsüchten, Ihren Herzenswünschen bei der Beantwortung all dieser Fragen ein Mitspracherecht. Letztlich ist Ihr Lebenssinn die Erfüllung Ihrer ureigenen Lebenswünsche. Also: Wie wollen Sie leben?

Blickfang

Geht es Ihnen wie fast achtzig Prozent der Deutschen, denen es vor Montag, dem Beginn der Arbeitswoche, graust? Montags passieren auch die meisten Fehler (z.B. Montagsautos). In europaweiten Umfragen wurde 2007 festgestellt, dass ein Großteil der Bürger dem Spruch »Wer rastet, der rostet« nichts abgewinnen kann. Bei fast der Hälfte steht die Freizeit höher im Kurs als die Arbeit. Die meisten Griechen und Spanier sehnen sich nach mehr Siesta – und Sie? Wir haben uns ja im ersten Teil des Buches schon eingehender mit der Frage nach unserer Lebenszufriedenheit beschäftigt und hier spielt die Zeit, die man für sich selbst hat, eine wichtige Rolle. Arbeitszufriedenheit hat in unserer Kultur ebenfalls einen großen Einfluss. Wie ist es denn bei Ihnen:

- Sind Sie mit Ihrer beruflichen Tätigkeit bzw. Situation zufrieden?
- Können Sie nach getaner Arbeit abschalten?

- Wie ist es mit Ihrer Zeit für den Partner, die Familie, für Freunde und neue Bekanntschaften sowie Freizeitaktivitäten bestellt?
- Verlieren Sie etwa Zeit damit, dass Sie ständig mehr Zeit gewinnen wollen, indem Sie planen, planen, planen?
- Oder wollen Sie häufig anders handeln, glauben aber nicht, dies zu können?
- Unterdrücken Sie gar, was Sie wirklich fühlen und eigentlich sagen und tun möchten?

Geben Sie sich auch hierauf Ihre Antworten. Der Lösungsansatz für das Bessere ist einfach. Erich Kästner hat uns darauf aufmerksam gemacht: »Es gibt nichts Gutes, außer man tut es!« Und wer das Beste will, sollte auch sein Bestes dafür tun.

Beste Blickrichtung

Jeder kann seinen Lebenssinn selbst bestimmen. Das ist sicher mit das Beste, was wir tun können. Wenn Sie Ihre Antworten zu den hier gestellten Fragen gefunden haben, können Sie Ihren roten Faden, das Leitmotiv Ihres Lebens, erkennen. Das ist in der Regel nichts Geheimnisvolles oder Kompliziertes. Auch keine große Lebensphilosophie steckt dahinter, jedoch ein *Stachel* sollte es nicht sein, der Sie auf Ihrem Weg drängt und piesackt. Worum es im Wesentlichen beim fünften Schritt geht, sagte Meister Eckhart bereits im 13. Jahrhundert klipp und klar: »Die Menschen sollen nicht soviel nachdenken, was sie tun sollen, sie sollen vielmehr bedenken, was sie sind.«[17] Das Beste liegt in Ihnen selbst, und was Ihnen auf Ihrem Weg als Bestes widerfährt, ist ein Spiegel dessen, was Sie in sich selbst vorbereitet – zumindest die Bereitschaft hierzu – und geschaffen haben. Mit dem ersten Schritt und dem Blick in den Spiegel haben Sie bereits damit begonnen. Sie sind also schon auf dem besten Wege!

Einige Winke für das beste Tun

- Wenn das, was Sie tun, *wie am Schnürchen läuft*, tun Sie wohl das Beste.
- Der Sinn unseres Lebens ist keine Philosophie, sondern alles das, was wir tun.
- Es kommt nicht darauf an, alles anzunehmen und zu bearbeiten, was zu tun ist, sondern dass wir tun, was wir wirklich tun wollen. Und das Beste ist, wir sorgen dafür, dass es so kommt, wie wir wollen.
- Das Beste, was wir tun können, ist, auf die beste Art zu leben.
- Der beste Arbeitstag ist ein *Fun-at-Work-Day*! Diesen sollten wir uns nicht nur am 21. Januar wie in Amerika gönnen. Gestalten Sie einen persönlichen Kalender, indem Sie beispielsweise jede Woche bzw. jeden Monat unter ein bestimmtes, recht freudiges Motto stellen, wie »Heute ärgern wir den Chef« oder »Heute sind wir richtig nett zueinander« oder »Heute lassen wir alle PCs aus«. Es lassen sich sicherlich vielerlei Motto-Arbeitstage kreieren. Und natürlich gilt dies auch für die Hausarbeit und alle sonstigen Formen von Arbeit und Tätigkeiten, bis hin zur Schwarzarbeit …
- Bleiben Sie bei der Suche nach dem Besten, was Sie beruflich wie privat tun könnten, offen für all die Möglichkeiten, die das Leben bietet. Aber bitte seien Sie nicht für alles offen – denn wer dies ist, macht sich verdächtig, nicht ganz dicht zu sein. Seien Sie nur für das Beste offen und bereit. Dann kann Ihnen nichts passieren!
- Am besten hinterlassen Sie bei allem, was Sie tun, einen guten Eindruck.
- Nur was wir meinen nicht zu sein, hindert uns daran, unser Bestes zu erfahren.
- Erfolgreich ist der, der sein Bestes tut, loslässt, und trotz Misserfolgen weiter sein Bestes mit Leidenschaft tut.
- Das Beste ist zudem, das zu tun, was man sagt.

Weiter zum nächsten Schritt

Der fünfte Schritt auf Ihrem Weg zum Besten unterstützt Sie dabei, Ihr Leitmotiv im Leben herauszufinden. Vielleicht brauchen Sie noch etwas Zeit für die Suche nach Ihren Antworten. Zwingen Sie sich aber zu nichts: Mit Ihrer Blauen Blume wird sich Ihr Leitmotiv mit Leichtigkeit dann zeigen, wenn Sie einfach loslassen. Nehmen Sie sich diese Zeit.

Wenn Sie Ihre Antworten gefunden haben, können Sie auch einen Vermögenszuwachs verzeichnen: Ihr Unterscheidungsvermögen. Sie wissen dann eher, warum etwas für Sie wichtig ist bzw. was Sie besser sein lassen sollten. Diese Erkenntnis trägt auch zu einer gelassenen Gangart bei. Natürlich mag einiges bei diesem Schritt noch einmal hochgekommen sein, was möglicherweise durch die Blaue Blume fast vergessen schien. Aber unser Weg wird leichter, wenn uns bewusst ist, wovon wir uns zu verabschieden, was wir zu überwinden haben. So gewinnen wir die beste Einstellung bzw. Haltung für unser Tun. Und wie steht es mit unserer »besseren Hälfte«, mit unseren Freunden und anderen Menschen in unserer Umgebung, wenn wir einen neuen Weg einschlagen wollen? Schauen wir im nächsten, dem sechsten Schritt darauf, was hier für uns das Beste ist. Doch zuvor gönnen Sie sich eine Pause.

STOPP

Was glauben Sie, wie wird wohl Ihr Wollknäuel des Lebens bisher gewickelt sein und aussehen?
Welche Farben und Größe würden Sie am liebsten sehen?
Vielleicht wollen Sie ja einige Fäden besser miteinander verknüpfen?
Was wünschen Sie sich und was werden Sie als nächstes TUN?

Eine Musikempfehlung hätte ich auch hier – spontan fällt mir das Lied von Silbermond ein: »Das Beste«
Hier besingt eine Frau ihr Glück, die große Liebe gefunden zu haben. Seien Sie gut zu sich und denken Sie, während Sie es hören, dass Sie gemeint sind: ob Frau oder Mann. Wenn Sie dieses Lied auf keiner CD haben oder nicht kennen – nehmen Sie sich doch einfach ein anderes Liebeslied, das Sie anspricht.
Es könnte Sie inspirieren, dann auch das Beste für jemand anderen zu tun.
Und schon sind wir beim sechsten Schritt.

Sechster Schritt: Schaue auf den, den Du liebst, und die Menschen, die Dich umgeben

Jeder Mensch bereitet auf irgendeine Art Vergnügen:
Der eine, wenn er ein Zimmer betritt,
der andere, wenn er es verlässt.
Hermann Bang

Im ersten Schritt schauten Sie in den Spiegel und sahen den, der hin zum Besten und in ein neues Leben geht: Sie selbst! Die wichtigste Beziehung in Ihrem Leben ist nun einmal die zu Ihnen selbst. Nur wer sich selbst bejaht, ist auch in der Lage, andere und das Leben zu lieben. Die bisherigen fünf Schritte wollten deutlich machen, dass es Sinn macht, sehr gut mit sich selbst umzugehen: nicht nur, weil wir es bis zum Ende unseres Lebens mit uns aushalten müssen, sondern auch, da unser Lebensweg das Ziel ist und wir dort unser Bestes finden und erfahren können. So wichtig die Selbstliebe ist, ebenso wichtig ist Mitmenschlichkeit – schließlich leben wir Gott sei dank nicht allein auf der Welt und dies wissen auch Singles: Wir sind nicht zum Alleinsein geboren.

Nehmen wir in diesem Schritt das in Augenschein, was uns mit anderen verbindet oder von ihnen trennt. Schauen wir auf unsere »bessere Hälfte« und die Menschen, die uns umgeben und mit denen wir zu tun haben (wollen). Wenn Sie noch den »richtigen« Partner suchen, so finden Sie hier auch Beachtenswertes für die Partnerwahl.

Einsicht

Wir sind und handeln, auch wenn wir uns anders fühlen mögen, immer in Beziehungen. Schauen Sie doch jetzt einmal, wie es um Ihre Beziehungen bestellt ist:

- Welche Menschen waren bisher die wichtigsten in Ihrem Leben?
- Welche Menschen sind gegenwärtig die wichtigsten?
- Welche Art von Beziehung haben Sie zu diesen?

Oh je – das sind Fragen, ich weiß. Diese führen direkt ins Herz, hier spielen nun einmal die Liebe und das Zwischenmenschliche in vielfarbiger und oft unbegreiflicher Weise eine Rolle. Nur was uns berührt, spüren wir. Nehmen Sie sich zunächst die Zeit, um einen Überblick über Ihre wichtigsten Beziehungen zu gewinnen. Damit sind Partnerbeziehungen, aber auch Freundschaften und wertvolle Bekanntschaften gemeint.

STOPP

Vergessen Sie nicht, immer wieder auf Ihren Atem zu achten und auch darauf, dass Sie bequem sitzen oder liegen. In welcher Haltung lesen Sie im Moment das Buch? Vielleicht wollen Sie sich wieder Notizen machen. Nehmen Sie sich doch Zeit dafür und schreiten Sie dann weiter voran.

Widmen wir uns jetzt dem Naheliegenden – Ihrer Partnerbeziehung:

- Lieben Sie den Menschen, mit dem Sie zusammen sind bzw. -leben?
- Was ist es vor allem, das Sie miteinander verbindet?
- Gibt es etwas, was Sie häufiger voneinander trennt?
- Gibt es Fragen, die Sie schon länger einmal stellen wollten, aber nicht gestellt haben?
- Was erwarten Sie von Ihrem Partner?
- Was glauben Sie, was dieser von Ihnen erwartet?
- Wollen Sie mit Ihrem gegenwärtigen Partner bzw. Ihrer Partnerin alt werden?

Wenn Sie diese Fragen aufrichtig beantworten, sehen Sie klarer, in welcher Beziehung Sie wirklich leben. Und wie steht es mit Ihren Freunden und Freundeskreisen? Schauen Sie doch einmal hin:

- Wen zählen Sie zu Ihren Freunden?
- Haben Sie gar einen besten Freund?

Notieren Sie sich den oder die Namen – und wenn Sie schon dabei sind, schauen Sie Ihr Adressbuch durch und ziehen Sie eine *Freundes-Energie-Bilanz*. Stellen Sie sich den jeweiligen Menschen vor und fragen Sie sich dann:

- Gibt dieser Mensch mir Energie?
- Raubt er mir welche?
- Ist der Kontakt mit diesem Menschen eher neutral?

Machen Sie dann hinter jedem Namen ein entsprechendes Symbol, z.B. einen Pfeil:

↑ nach oben, wenn dieser Mensch Ihnen Energie gibt, auch wenn Sie viel Energie in diese Freundschaft investieren;
↓ nach unten, wenn Ihnen nur Energie genommen wird;
↔ oder einen waagerechten Pfeil, wenn die Begegnungen eher neutral, also ohne besonderen energetischen Fluss verlaufen.

So gewinnen Sie einen hilfreichen Blick auf das, was sich in Ihren Begegnungen mit den unterschiedlichen Menschen abspielt. Vielleicht müssten Sie hier dann etwas ändern. Und die Antwort auf folgende Frage könnte auch den Blick auf Ihre Beziehungen schärfen:

- Was würden Sie tun, wenn Sie zwischen einer Beziehung und einer Freundschaft entscheiden müssten?

Und dann wäre noch die Frage, wenn Sie noch keinen Lebenspartner gefunden haben, wie Sie den für ein neues Leben finden. In den bisherigen Einsichten werden schon wesentliche Kriterien für das Gelingen einer Partnerschaft angesprochen, die auch bei der Partnersuche miteinbezogen werden sollten. Es sind eigentlich nur folgende Fragen, über die Sie Klarheit haben sollten, um bei der Suche nach einem Partner fündig zu werden:

- Lieben Sie sich wirklich selbst so, wie Sie sind?
- Sind Sie davon überzeugt, einen Partner verdient zu haben?
- Wissen Sie wirklich, was Sie für einen Partner brauchen?
- Unternehmen Sie überhaupt etwas Konkretes, um einem anderen Menschen zu begegnen?

Vorsicht ist allerdings geboten, wenn Sie nach dem *perfekten* Partner Ausschau halten sollten ... Vielleicht sucht dieser ja auch danach. Aber Sie können nach dem, was Sie in diesem Buch schon erfahren haben und mit den bisherigen Schritten Ihre Suche gelassener fortsetzen. Denn Sie wissen ja: Das Beste kommt erst noch!

Blickfang

Wer einen neuen Weg, ja, ein neues Leben beginnen will, steht vor der tief gehenden emotionalen Entscheidung: mit oder ohne den bisherigen Partner? Die Einsicht, die Sie mit den oben gestellten Fragen nehmen konnten, kann Ihnen darüber Klarheit verschaffen. In welcher Beziehung leben Sie? Ist ein neues Leben mit diesem Menschen möglich, wäre dies gar das Heilmittel für Brüche in der Partnerschaft, oder ist diese Verbindung letztlich die Ursache dafür, dass Sie auf Ihrem Weg nicht vorankommen? Wie auch immer – in einer Beziehung hat nie nur einer recht, sondern es ist Friedrich Nietzsche zuzustimmen, der meint: »Die Wahrheit beginnt zu zweit.«

Wenn Sie sich nicht mit dem Partner einigen können oder wollen, wird es wohl das Beste für beide sein, Ihren Weg getrennt fortzusetzen. Damit könnte Ihr neues Leben mit einer neuen Liebe beginnen. Am besten zunächst einmal mit mehr Liebe zu sich selbst. Wie heißt es doch in dem Schlager von Jürgen Markus: »Eine neue Liebe ist wie ein neues Leben«.

Allerdings können wir uns ja auch wieder neu in unsere »alte« Liebe verlieben. Leider ist es heute nicht selten so, dass der Tod einer Beziehung schon zu Lebzeiten der Paare eintritt, vor allem, wenn diese sich nichts mehr zu sagen haben oder sich nicht mehr überraschen können. Wenn der Himmel zu Beginn einer Liebe noch voller Geigen hing und man sogar aufpassen musste, sich nicht allzu sehr an den Dornen der vielen verstreuten Rosen zu stechen, und alles voller Leidenschaft möglich schien, schleichen sich – das ist ganz normal – mit der Zeit vielerlei Routinen ein, die die anfängliche Lebendigkeit fast zum Stillstand bringen können. Wenn dann Kleinigkeiten im Alltag immer wieder zum Streit führen, wird es höchste Zeit, die Erwartungshaltungen zu klären und sich zu überlegen, wie ein lebendiges, neues Miteinander gestaltet werden kann.

Bringen Sie frische Energie in Ihre Beziehung, dann kann sich auch ein neues Beziehungsleben entwickeln – und das wäre doch für beide das Beste!

Ein Klient suchte meine Beratungspraxis auf, da er nicht mehr mit seiner Frau »klarkam«. Er wollte sich von ihr trennen und sich über einen neuen Weg Klarheit verschaffen.

Doch nach acht Terminen stellte er fest, dass seine Frau gar nicht sein Problem war. Das Beziehungsleben sei zwar etwas fad geworden, doch er verspürte viel Liebe zu ihr. Was war geschehen? Seine Frau hatte sich ja nicht geändert, aber er hat sich besser verstehen gelernt in seinen Bedürfnissen – doch auch seine Versäumnisse wurden ihm bewusst. Er hatte seine Beziehung einfach laufen lassen. Jetzt sah er seine Frau aus einer ganz neuen Perspektive, sozusagen mit *neuen Augen.* Etwas in ihm war entfacht, sich wieder mehr für seine Ehe zu engagieren. Ja, auch romantische Gefühle begannen wieder zu fließen. Ihm war es möglich, offen mit seiner Frau das zu besprechen, was zwischen ihnen zu klären war.[18] Entscheidend dabei war, dass sie vor allem auf das schauten, was Sie miteinander verband – und diesem gaben sie die Chance, weiterzuwachsen. So konnten sie ein neues Leben mit ihrer neu gewonnenen Liebe beginnen. Beide waren sich einig: Das Beste kommt erst noch!

Das war auch das Beste für ihn – denn hätte er sich von seiner Frau getrennt, wäre er höchstwahrscheinlich in einen längeren Irrweg gemündet, da es nicht wirklich ein neuer Weg bzw. ein neues Leben gewesen wäre – er wäre sich dann selbst im Wege gestanden. Sie sehen also, wie wichtig der erste Schritt ist!

Beste Blickrichtung

Hier einige Richtungsangaben für *lebendige Beziehungen* – ob für ein neues Leben oder eine Neubelebung Ihrer Beziehung:

- Klären Sie das, was Sie voneinander erwarten.
- Wenn Sie einen Partner suchen, klären Sie, welche Art von Beziehung Sie sich wünschen und was Sie bereit sind zu geben – aber auch loszulassen.
- Das Beste ist, wenn Sie miteinander reden, vor allem über das, was Sie verbindet und über gemeinsame Perspektiven.
- Eine lebendige Partnerschaft braucht Rituale und Roman-

tik. Gönnen Sie sich in der Woche zumindest ein romantisches Dinner, eine Überraschung oder: Wer freut sich nicht, sein Frühstück ans Bett gebracht zu bekommen … sogar Frauen freuen sich angeblich darüber.[19]

- Zeigen Sie Ihre Zuneigung durch kleine Gesten – überraschen Sie hin und wieder Ihren Partner mit etwas, an das er gar nicht mehr dachte.
- Geschenke nur am Valentinstag oder Geburtstag sind zwar nett – doch einfallslos. Gerade die kleinen Aufmerksamkeiten außerhalb der offiziellen Anlässe zeigen, wie nah man dem anderen ist.
- Der Körper ist der Tempel der Seele und das Beziehungsleben braucht Berührungen, Zärtlichkeit. Auch gegenseitige Massagen sind wahre Jungbrunnen jeder Partnerschaft.
- Nehmen Sie sich regelmäßig Zeit füreinander.
- Nehmen Sie sich auch regelmäßig Zeit nur für sich selbst und Ihre eigenen Interessen.
- Pflegen Sie Ihre Freundeskreise, bevor Sie diese brauchen. Schaffen Sie sich Freunde fürs Leben – Freunde für Ihr neues Leben!
- Wenn Sie einen *perfekten* Partner suchen, dürfen Sie sich nicht wundern, wenn der andere sich auch einen solchen wünscht. Tipp: Suchen Sie einen Menschen und lernen Sie diesen wirklich kennen – sonst wird es nichts.
- Vergessen Sie bei all Ihren Beziehungen nicht, anderen zu sagen, was Sie wirklich wollen – und das können Sie auch durch die Blaue Blume.

Einige Winke für Liebe, Beziehungen und Freundschaft

- So mancher Mann ist schon einem Augenaufschlag erlegen, und Frauen geht es nicht anders. Wenn es auch nicht der Augenaufschlag ist, so wissen Frauen schon genau, wie ein Mann sie schwach machen kann. Und das ist gut so!

- Wenn Sie die Liebe überfällt, wundern Sie sich nicht, sondern erkennen Sie an, dass sie nicht anders kann, als zu überraschen. Das Einzige, was Sie dann tun können, ist: sich hinzugeben und mit den Augen der Liebe Ihr Leben betrachten. Ihre Blaue Blume wird Sie daran erinnern, auf dem besten Weg weiterzugehen – gemeinsam.
- Bei aller Liebe zu Ihren Mitmenschen – hüten Sie sich vor Selbstaufopferung, sonst werden Sie sich schließlich selbst fremd und vergessen Ihre Blaue Blume. Zudem: Selbstvergessenheit macht verdächtig, auf der Flucht vor sich selbst zu sein.
- »Ich will doch nur Dein Bestes« – wenn jemand das zu Ihnen sagt, schauen Sie genau hin, was dieser meint – wenn es nicht Ihre Eltern sind, könnte es Ihr Geld sein.
- Ihre Gefühle lügen nicht, aber vielleicht lassen Sie manchmal Ihren Kopf lügen, um nichts spüren zu müssen. Das ist nicht das Beste, was Sie tun können. Auf zu einem neuen Weg!

Weiter zum nächsten Schritt

Im sechsten Schritt konnten Sie Ihr Beziehungsleben eingehender in Augenschein nehmen. Schließlich sollten Sie wissen und verstehen, wer Sie in ein neues Leben begleiten bzw. wer besser nicht mitziehen sollte. Oder ob vielleicht hier die Ursache für den Wunsch nach einem neuen Leben liegt. Wenn es nicht genügend Berührungspunkte für ein gemeinsames Leben gibt, ist es das Beste, loszulassen und sich den Weg frei zu machen. Auf jeden Fall sollten Sie sich selbst mitnehmen. Wie wertvoll und wichtig die Klärung unserer Beziehungsfragen ist, kommt in dem folgenden Zitat von Erich Fromm zum Ausdruck. Es mag Sie beflügeln, die Nähe zu anderen Menschen zu suchen – ohne sich selbst dabei zu vergessen:

»Was gibt eigentlich ein Mensch dem anderen? Er gibt von sich selbst, dem Kostbarsten, was er besitzt, von seinem

Leben, von dem, was in ihm lebendig ist. Er gibt von seiner Freude, von seinem Interesse, von seinem Verständnis, seinem Wissen, von seinem Humor und seiner Traurigkeit. Und dadurch, dass er von seinem Leben gibt, bereichert er den anderen, steigert er das Lebensgefühl des anderen in der Steigerung des eigenen Lebensgefühls. Er gibt nicht, um etwas dafür zu empfangen; aber durch sein Geben kann er nicht vermeiden, in anderen etwas zum Leben zu erwecken, das wiederum auf ihn zurückwirkt.«[20]

Mehr, so denke ich, muss zu Liebe, Beziehungen und Freundschaft jetzt nicht mehr gesagt werden. Nehmen Sie diesen Gedanken mit in ein neues Leben. Vielleicht werden Sie ja von dem begleitet, den Sie schon kennen bzw. jetzt besser haben kennenlernen können. Im nächsten Schritt lade ich Sie ein, den Ort und die Umgebung, in der Sie leben, in Augenschein zu nehmen. Ein neues Leben ist auch am alten Ort möglich – doch dafür ist es gut zu wissen, was dieser für Sie bedeutet. Ist es Ihr Lebensort – wollen Sie hier auch alt werden? Jetzt ist wieder die beste Zeit für eine Pause:

STOPP

Wem haben Sie zuletzt Ihre Zuneigung gezeigt?
Wem möchten Sie als nächstes nahe sein?
Von wem wollen Sie sich verabschieden?
Welchen Freund, welche Freundin werden Sie heute noch treffen?
Tun Sie es einfach! Schaffen Sie Raum und genießen Sie Zwischenmenschlichkeit.
Und vergessen Sie nicht, sich zu bedanken: bei Ihnen selbst, wenn Sie Ihre Lebendigkeit spüren und Liebe schenken können.
Es gibt wohl kaum mehr Lieder als die über die Liebe. Sie werden Ihre besonderen Liebeslieder haben. Diese erzeugen ohne Worte die Gefühle, die miteinander ver-

binden. Vielleicht legen Sie gleich ein Lied auf, das Sie mit dem verbindet, der Ihnen am nächsten ist? Und für den neuen Weg klingt auch der Schlager von Jürgen Markus: »Eine neue Liebe ist wie ein neues Leben«

Siebter Schritt: Schaue auf den Ort, an dem Du lebst

Hier bin ich Mensch, hier darf ich's sein!
J. W. Goethe: Faust I, Vers 940

Ein neues Leben muss nicht zwangsläufig an einem neuen Ort beginnen. Aber der Ort, an dem Sie leben, hat natürlich bedeutenden Einfluss auf Ihr Lebensgefühl; er kann Sie beflügeln oder blockieren. Nicht nur zwischenmenschliche Beziehungen, sondern ebenso die Landschaft, das Klima und die lokale Lebenskultur haben Auswirkungen auf unsere Lebensqualität. Am besten ist es, eine »emotionale Heimat« zu finden. Haben Sie denn das Gefühl, dass Ihr derzeitiger Lebensort der beste für Sie ist? Mit diesem Schritt können Sie den Ort, zu dem Sie Ihr Lebensweg geführt hat, näher in Augenschein nehmen.[21]

Einsicht

Drei Fragen führen Sie zu den wesentlichen Einsichten, ob der Ort, an dem Sie leben, auch ihr Lebensort ist:

- Wo fühlen Sie sich zu Hause?
- Sind Sie an dem Ort, an dem Sie jetzt leben, zu Hause?
- Wollen Sie an dem Ort, an dem Sie jetzt leben, »älter Werden«?

Bevor Sie auf die jeweilige Frage eine Antwort geben, halten Sie kurz inne, lassen Sie Bilder Ihres gegenwärtigen Wohnortes Revue passieren, nehmen Sie dabei Ihre Gefühle wahr. Schließen Sie hierzu die Augen, atmen Sie ruhig und intensiv ein und aus – stellen Sie sich Ihren Ort, die Umgebung und Umstände, in denen Sie die meiste Zeit verbringen, vor.

STOPP

Was ist es, was Ihnen spontan in den Sinn gekommen ist? Empfinden Sie dabei Heimatgefühle? Was bedeutet für Sie »Heimat«? Wo sind Ihre Wohlfühlplätze? Vielleicht möchten Sie sich wieder einige Notizen machen? Nehmen Sie sich Zeit für Ihre Antworten.

Wenn Sie dort, wo Sie jetzt leben, Gefühle von Geborgenheit, Freude und Lust am Hier-und-jetzt-Sein empfinden, ja, ein Gefühl des Angekommenseins (Coming Home) haben, wird es wohl der Ort sein, der Sie auch zu Neuem beflügelt. Auch wenn Sie dort das Laufrad und der Stachel PSFM zwicken sollten, können Sie ein neues Leben *vor Ort* mit neuen Einsichten beginnen. Manchmal sind es kleine Veränderungen in der Wohnung, wie ein neuer Anstrich, neue Möbel oder die Entsorgung unnötiger Dinge, die mehr Lebensraum schaffen. Stichwort: Tapetenwechsel und Ausmisten. Oder ein Umzug innerhalb Ihres Ortes kann das Neue in Ihrem Leben beginnen lassen.

Falls der Ort, an dem Sie jetzt leben, nicht der richtige Ort ist bzw. werden kann, klären Sie zunächst, was für Sie besonders wichtig ist, um sich zu Hause zu fühlen und heimisch zu werden: die Nachbarschaft; Freunde, die in der Nähe wohnen; die Sie umgebende Landschaft oder Architektur; der Fensterblick; eine Terrasse; das Klima; der Lebensstil etc. Sie wissen selbst, was hier das Beste wäre.

Nun nähern wir uns dem emotionalen Zentrum der Lebensortfrage. Vor allem, wenn wir das fünfzigste Lebensjahr überschritten haben, kommt bei vielen die Frage hoch:

Soll oder will ich an diesem Ort alt werden? (Mit wem Sie dies tun wollen, konnten Sie ja bereits im vorangegangenen Schritt klären.)

Nehmen Sie sich wieder Zeit für eine Antwort und notieren Sie vor allem, was Ihnen noch fehlt sowie die Dinge, die Sie künftig an die Grenzen eines guten Ortsgefühls stoßen lassen könnten. Sie haben ja dann noch Zeit genug, um entweder beste Bedingungen vor Ort zu schaffen – oder einen neuen zu finden.

Wenn Sie zu diesen Fragen Ihre Antworten gefunden haben, wissen Sie, was Ihr persönlicher Lebensort ist. Auch hierzu bedarf es natürlich praktischer Erkundungen; denn ohne Kontaktaufnahme bleiben Ihre Sehnsüchte nach einem neuen Ort nur Fantasie, eine Ausrede für nicht gewagte Veränderungen ist dann schnell gefunden: »Wenn ich woanders leben würde, wäre alles anders, aber ...« So wird wohl kaum Lebenszufriedenheit zu gewinnen sein. Kontaktaufnahme und Erkundung erschöpfen sich nicht darin, unsere Umgebung und Nachbarschaft in Augenschein zu nehmen. Ohne Nähe zu uns selbst können wir wohl kaum den besten Lebensort finden. Denn letztlich finden wir Heimat nur in uns selbst – und wenn wir dann noch am richtigen Ort sind, kommen wir dem Himmelreich auf Erden schon recht nah. Mit den acht Schritten sind Sie auf dem besten Weg dorthin.

Blickfang

Von anderen Orten, wie dem Paradies auf Erden, wo die Sonne immer scheint, mit kurzen erfrischenden Regenschauern und Winden, träumt wohl jeder. Selbst die, die schon ihren Lebensort gefunden haben und damit zufrieden sind, brauchen hin und wieder einen Tapetenwechsel. Doch sind es weniger die Orte selbst, sondern vor allem berufliche Gründe, die einen Ortswechsel befördern. Nicht selten bleibt unser Orts-Blick befangen. Was aber hält die Menschen davon ab, sich an einem neuen Ort anzusiedeln, wenn sie dort, wo sie sich gerade aufhalten, unzufrieden sind? Abenteuerlust und Neugierde auf ein neues Leben an einem anderen Ort wären ja auch schon Gründe genug, nach einem neuen Wohnort Ausschau zu halten.

Vielleicht haben Sie sich bisher noch gar nicht bewusst diese Frage gestellt, da Ihr Arbeitsplatz oder Geburtsort oder Erbe Ihren Lebensort bestimmten. Wenn Sie sich an dem Ort, an dem Sie heute leben, geborgen und beschützt, sich lebendig wie *verwurzelt* fühlen und sich vorstellen können, dort alt zu werden, dann sind Sie wohl zu Hause angekommen und können sich weiterentwickeln. Gratuliere! Aber auch dann ließe sich sicher noch einiges besser machen – gar ein neues Leben.

Haben Sie schon fünfzig Jahre Leben geschafft? Herzlichen Glückwunsch! Dann werden Sie die Frage kennen, ob man eigentlich schon am richtigen Ort lebt, um gesund und glücklich »älter zu Werden«. Auch die Frage, wie es nach dem Berufsleben weitergehen soll, bewegt einen schon tiefer – und auch die Angst, dass ein Ort die Endstation bedeuten könnte.[22] Hierauf Antworten zu finden ist aber, unabhängig vom Lebensalter, richtungweisend für das eigene Leben. Gut also, sich diese Fragen jetzt zu stellen.

Vielleicht leben Sie ja schon länger an einem Ort und denken, dass man einen alten Baum nicht verpflanzen soll. Hier ist Vorsicht geboten, da diese Einstellung doch allzu leicht die eigene Bewegungsfreiheit sowie das Vorstellungsvermögen einschränkt und einem vielleicht sogar den Ort vorenthält, der mehr Lebenszufriedenheit und Lebensqualität ermöglichen würde.

Denken Sie einmal an Ihre Eltern, Freunde und Bekannten. Wie leben diese? Fühlen sie sich wohl in ihrer Wohnung bzw. ihrem Haus? Würden Sie sich in deren Wohnsituation wohlfühlen? Wodurch unser Blick auch getrübt wird, es bringt uns weiter, mit Freunden über den Ort des Lebens zu sprechen – und ebenso darüber, wo diese nach ihrem Berufsleben leben wollen. Sie werden mit dieser Frage sicherlich auch bei diesen einiges in Bewegung bringen, was wiederum Ihnen weiterhilft. In welche Richtung der Blick gehen könnte, erfahren Sie im nächsten Abschnitt.

Beste Blickrichtung

Um das, was unsere Sicht verdunkelt, zu überwinden, brauchen wir Blickrichtungen, die uns dazu beflügeln, ein besseres, ein neues Leben zu gestalten.

Blickrichtung 1: Ortsverbundenheit – den bisherigen Ort mit neuen Augen sehen: Erkunden Sie, was es noch besser zu gestalten gilt – ob es in der Wohnung, im Haus oder in einer neuen Wohnung ist. Und wenn wir vor Ort bleiben möchten, sollten wir klären, ob es wirklich unser Heimatort ist, an dem wir »älter Werden« wollen.

Blickrichtung 2: Ortswechsel – einen neuen Ort zum Leben erkunden. Vielleicht träumen Sie ja davon, vor allem wenn Sie aus dem Urlaub in unser Klima zurückkehren, in südlicheren Gefilden zu leben? Warum tun Sie es nicht schon bald? Wenn Sie wissen, welche Umgebung Sie wirklich zum Leben brauchen, könnte ja zum Beispiel der Süden eine neue Heimat werden. Warum nicht hin zur Sonne auswandern?[23]

Wie wäre es, einmal über Ihre gewohnten *Ortsgrenzen* und vielleicht auch Lebensvorstellungen hinauszublicken? Sprechen Sie mit anderen darüber, auch mit Menschen, die einen Ortswechsel, sei es innerhalb Deutschlands oder ins Ausland, vorgenommen haben. Vielleicht finden Sie hier gar neue Lebensort-Perspektiven, an die Sie bisher nie ernsthaft zu denken gewagt haben.

Aber ebenso mögen solche Gespräche Ihnen auch ein Gefühl von Gewissheit geben, doch am besten Ort angekommen zu sein. So oder so werden Sie für sich die beste Antwort finden. Jedenfalls ist ein neuer Nestbau auch in späteren Jahren noch möglich, wenn es für Sie das Beste ist!

Einige Winke für den besten Ort

- Wo sind Sie denn hingekommen? Bleiben Sie schon oder gehen Sie noch?
- Keine Angst, Sie müssen ja nicht Ihren Ort wechseln. Schon ein Wechsel in der Blickrichtung und Denkweise kann Ihnen neue Orte am vorhandenen Lebensort sichtbar machen, gar Wunderbares. Wie wäre eine neue Gangart über vertraute Plätze und Wege?
- Die Welt ist voller schöner Ecken. Nicht nur an einer können Sie Ihre Lebens- und Herzenswünsche wahr werden lassen. Es gibt aber auch einen Ort namens Hölle, den Sie meiden sollten. Weisen Sie andere auf das Paradies hin, wenn sie davon sprechen, dass ein bestimmter Ort »die Hölle« sei. Vorsicht aber, wenn sie das häufiger wiederholen – vielleicht gefällt es ihnen ja. Sehen Sie lieber weiter und achten Sie auf Ihr Bestes.
- Wer wirklich das Beste für uns will, lässt uns weiterziehen, wenn wir es wollen. Wenn jemand nur auf den Baum hinweist, den man nicht verpflanzen oder auf den Schuster, der bei seinen Leisten bleiben soll, sagen Sie diesem Menschen, dass Sie kein Baum oder Schuster sind. Falls Sie wirklich Schuster sind, beruhigen Sie ihn: Sie können ja auch am neuen Ort Schuster bleiben – aber eben glücklicher und zufriedener.
- Schauen Sie genau hin, mit wem Sie weiterziehen wollen. Wenn dieser Mensch nicht will: woran klebt er am bisherigen Ort fest? Es kann ja für ihn so besser sein. Prüfen Sie aber, ob es wirklich für Sie das Beste ist, diesen zum Mitziehen zu bewegen. Die Fäden, die er bis in den neuen Ort hinter sich herzieht, könnten zunächst das neue Leben recht klebrig gestalten. Wenn nötig, verwenden Sie Lösungsmittel schon am alten Ort. Oder lösen Sie sich allein und beginnen Sie ein neues Leben dort, wo es Sie hinzieht – ohne Klebstoffe.

- Unser Leben führt auch über viele Brücken. Es heißt, auf Brücken solle man nicht sein Heim errichten – es sei denn, Sie sind Angler oder erleben eine leidenschaftliche Liebesgeschichte, wie die Liebenden von Pont-Neuf, die zwei Jahre lang auf der ältesten Brücke von Paris ...
- Wenn Sie Ihr Vorstellungsvermögen aufstocken wollen, leben Sie für eine Zeit an einem anderen Ort. Dieser kann Sie auf neue Gedanken bringen und Sie um die Erfahrung bereichern, dass es um Sie selbst geht.
- Widmen Sie Ihrer Lebensortfrage doch einfach einmal so viel Zeit wie der Frage nach dem Urlaubsort. Wenn Sie jedoch nur Lastminute verreisen, sollten Sie sich etwas mehr Zeit für diese Frage gönnen.
- Vielleicht ermuntert Sie dieser Wink, sich schon rechtzeitig mit der Ortsfrage zu befassen: Besser ist auf alle Fälle, sich einen Lebensort selbst zu wählen, als eine Endstation zugewiesen zu bekommen. Traurig – aber wahr.
- Finden Sie heraus, wohin und zu wem Sie gehören. Wie wäre es mit einem Lebensort, wo alles bestens ist, Zufriedenheit herrscht und die Liebe wohnt? Wenn Sie Ihren Ort gefunden haben, lassen Sie es auch mich und Ihre Mitmenschen wissen.[24]

Weiter zum letzten Schritt: Coming Home

Sie sind jetzt sieben Schritte weiter – auf dem Weg zu einem neuen Leben, was auch immer für Sie »neu sein« bedeuten mag und an welchem Ort es beginnen wird. Unsere tiefste Sehnsucht strebt nach einer emotionalen Heimat, einem Ort, an dem wir uns rundum wohlfühlen – also so, wie es das einleitende Goethe-Zitat ausdrückt: »Hier bin ich Mensch, hier darf ich's sein.« Wenn Sie diesen Satz an Ihrem Lebensort frei und mit Freude aussprechen können, dann sind Sie an Ihrem besten Platz angekommen: Coming Home! Schauen wir jetzt im achten Schritt darauf, wie sich die bisherigen Einsichten auf Sie auswirken und wie Ihnen dies für Ihr neues Leben dienen kann. Aber vorher wieder:

STOPP

An welchem Ort sitzen Sie in diesem Moment?
Ist es einer Ihrer Wohlfühlorte?
Haben Sie diesen bewusst gewählt oder hat er sich so ergeben?
Welche Bindemittel an Ihrem jetzigen Ort sind für Sie wertvoll?
Kennen Sie auch Lösungsmittel, wenn es wichtig wäre?
Das Beste, was erst noch kommt, kann auch ein neuer Lebensort sein.
Lieder über Orte dieser Erde gibt es ebenso viele, wie es verschiedene Länder gibt. Heimatgefühle finden in jeder Musikrichtung ihren Ausdruck. Zum siebten Schritt passt gut das Lied »Coming Home« von Sasha. Wenn man seinen Ort gefunden hat, angekommen ist, kann man dieses Lied recht fröhlich mitsingen. Aber Sie werden Ihre eigenen Lieder kennen, die Sie mit Ihrem Lebensort verbinden. Legen Sie doch auch einmal Musik aus Ihrem letzten Urlaub auf …

Achter Schritt: Schaue hin, was du ausstrahlst

In Schönheit wurden wir erträumt und erschaffen.
John O'Donohue

Schön, dass Sie jetzt den achten Schritt gehen wollen. Es ist ein besonders betr*acht*enswerter Schritt, da die vorangegangenen Einsichten im wahrsten Sinne des Wortes zunehmend sichtbarer werden. Die Art und Weise, wie Sie die bisherigen sieben

Schritte gegangen sind, wird auch an Ihrer persönlichen Ausstrahlung erkennbar. Ein neues Leben findet nicht zuletzt seinen Ausdruck in Ihrem Aussehen sowie in Ihrem Lebensstil, Verhalten und Outfit. Ihre neue Lebensqualität wird so erkennbar. Schauen wir also darauf, wie wichtig oder unwichtig Ihnen Ihr Aussehen ist, was für Sie Schönheit, ja, Ästhetik bedeutet und vor allem, was die persönliche Ausstrahlung für ein neues Leben bedeuten kann. Möge Sie im Folgenden ein strahlendes Lächeln begleiten.

Einsicht

Nehmen Sie jetzt Ihre persönliche *Schönheit* näher in Augenschein und finden Sie Antworten auf folgende drei Fragen:

- Was bedeutet für Sie Attraktivität bzw. Schönheit?
- Sind Sie mit Ihrem Aussehen und Ihrer Ausstrahlung zufrieden – finden Sie sich attraktiv bzw. schön?
- Wenn Sie nach vorne schauen: Wollen Sie als älterer Mensch jung aussehen – oder ist es für Sie genau richtig, so alt auszusehen, wie Sie dann sind?

Der Blick in einen Spiegel könnte Sie bei der Suche nach Antworten unterstützen. Aber auch Ihre inneren Bilder von sich selbst und die Vorstellungen, die Sie mit Attraktivität und Schönheit verbinden, geben Ihnen Auskunft darüber, wie Sie zu diesen Themen stehen. Vielleicht mag etwas in Ihnen sich gegen solche scheinbar oberflächlichen Fragen wehren. Sie können aber gewiss sein, dass Sie das nicht sind. Ihre Antworten sind für ein neues, eigenes Leben von besonderer Wichtigkeit. Also, nehmen Sie sich Zeit:

✋ STOPP ✋

Welche Gedanken kommen Ihnen in den Sinn? Machen Sie sich wieder Notizen, wenn Sie mögen …

Mit der Beantwortung der ersten Frage werfen Sie Licht auf Ihre grundlegende Einstellung zum Thema Schönheit, Frage zwei und drei betreffen Sie natürlich persönlich. Da Sie nun Ihren eigenen Standpunkt kennen, gebe ich Ihnen in den nächsten Abschnitten einige Anregungen, wie das Thema Schönheit auch gesehen werden kann – und wie Sie am besten zu einer neuen Einstellung gelangen können. (Schön, falls Sie schon so denken und dies ausstrahlen.)

Blickfang

Wer kennt nicht den Ausspruch: Wahre Schönheit kommt von innen ... und wer hat dann nach einem Blick in den Spiegel etwas ungläubig gedacht: Na ja ...

Spieglein, Spieglein an der Wand ... genau hier liegt der Hund begraben; denn wenn wir in den Spiegel blicken und dabei nicht uns anschauen, sondern ein anderes Bild vor unsere Augen hängen, dürfen wir uns nicht wundern, wenn wir schöne Ansichten von uns selbst ausblenden.

Solche »Blick-Fänger« sind vor allem:

- *Jugendliche Schönheitsideale*, die in den Medien und in der Werbung (noch) verbreitet und von uncharmanten Mitmenschen an uns herangetragen werden. Wenn wir dann so sein wollen wie die dort »gezeichneten« Models, haben wir uns selbst einen Stachel reingedrückt. Der Blick auf uns selbst kann dann schnell zu abwertenden Vergleichen und bloßem Nachahmen animieren. Dahinter steckt die bereits erläuterte Angst, nur dann Liebe und Anerkennung zu erhalten, wenn wir die Erwartungen anderer erfüllen. Aber Sie wissen ja, dass dies nicht das Beste für uns ist.
- Des Weiteren trüben *Minderwertigkeitsgefühle* unseren Blick, die uns dazu verleiten, das eigene Licht unter den Scheffel zu stellen, da wir glauben, etwas nicht verdient zu haben – wie zum Beispiel das Beste im Leben. Genau diese Einstellung sehen uns aber dann die anderen an.

- Auch *Enttäuschungen*, vor allem in Beziehungen, können uns an unserer Schönheit zweifeln lassen – obwohl es zumeist nicht um das Aussehen geht. Vielmehr ist die Feigheit des Partners das Problem, wenn der Äußerlichkeiten zum Anlass für Kritik nimmt und sie gar als Trennungsgrund vorschiebt.
- Ebenso können *Verletzungen* durch abwertende, oft auch unbedachte Äußerungen von Mitmenschen einem den Blick auf die eigene Schönheit verstellen – und uns fast ein Leben lang quälen.
- Und was uns ebenso viele Jahre unseres Lebens beschäftigt und das Verhältnis zur eigenen Attraktivität und Schönheit belastet, ist die *Angst vor dem Älterwerden.* Auch wenn erst mit hohem Lebensalter das Alter *gespürt* wird, sind wir schon mit vierzig oder früher auf der Suche nach »Altersspuren«. Jede kleinste Falte, jedes graue Haar und sonstige Veränderung wird als Beweis interpretiert, dass man bereits beginnt, sich mehr und mehr vom jugendlichen Schönheitsideal zu entfernen. Nicht wenige kämpfen dann regelrecht gegen die »Zeichen der Zeit«, lassen Falten gar künstlich glätten oder übertünchen, wenn sie nicht dem Ideal entsprechen.

Diese Blickfänger können jedoch nur dann unsere Sicht beschränken, solange wir sie akzeptieren. Da Sie ja das Beste und ein neues Leben wollen, sollten Sie sich von fremden Bildern befreien, die Ihnen suggerieren, anders aussehen zu sollen. Jeder von uns besitzt auf seine Weise eine tiefe Schönheit, die uns erstrahlen lässt. Und wer einen anderen mit den Augen der Liebe betrachtet hat, versteht, was es bedeutet. Und unsere Sehnsucht, die wir mit der Blauen Blume wiederentdeckt haben, dürstet geradezu nach einem schönen Leben; Sie sucht also das Schöne, in dem sich das Beste spiegelt. Das Schöne ist jedoch keine Fassade oder ein von anderen geschaffenes Ideal. Schönheit ist ein höchst subjektives Empfinden, ein tief gehendes Lebensgefühl, das uns lebendig fühlen lässt, uns verbindet mit Himmel und Erde. In der Schönheit spiegelt sich unsere Liebe zum Leben. Schönheit geschieht in uns – und wer umgibt sich nicht am liebsten mit Schönem, mit Geschmackvollem, Liebreizendem, ja, Wundervollem? Dieses Schöne finden wir bei Menschen, an speziellen Orten, in der Musik, Kunst, Kleidung, Literatur und in allem, was uns die Welt bietet sowie in alltäglichen Dingen und Situationen. Man muss hierfür kein ausgesprochener Ästhet sein, aber bereit, das Schöne wahrzunehmen.

Mit einer selbstakzeptierenden und liebevollen Haltung – wozu Sie in den vorangegangenen Schritten und Kapiteln reichlich Anregungen finden – können Sie selbst in Verhältnissen, die noch nicht so sind, wie Sie es sich wünschen, Schönheit erleben. Daraus können Sie Kraft für Neues schöpfen.

Beste Blickrichtung

Auf unserem Lebensweg schaffen wir ein menschliches Gesamtkunstwerk, das unseren Namen trägt. Sollten wir dabei nicht auch darauf achten, dass es besonders schön wird? Nicht wenige befürchten, dass sich Schönheit im Laufe der Lebensjahre verlieren wird. Aber an welchen Kriterien orientieren Sie sich, wenn Sie schön sein wollen? Wenn Sie Ihren eigenen Werten folgen, strahlen Sie diese auch in Ihrer Persönlichkeit aus. Das können Sie auch kosmetisch und durch ein individuelles Styling betonen. Wenn Sie allerdings jemand anderes sein wollen, als Sie sind, oder Ihnen gar gesagt wird, wie Sie auszusehen haben, verlieren Sie mit der Zeit letztendlich Ihre Selbstachtung und Ihre wahre Schönheit.

Schönheit hat vor allem mit der persönlichen Ausstrahlung und dem individuellen Lebensgefühl und Lebensstil zu tun. Wie Sie auf andere wirken, ist ein Wechselspiel zwischen Ihrer inneren Einstellung und äußeren Darstellung. Eine schöne Ausstrahlung ist somit Ausdruck einer positiven Einstellung zum Leben und einer authentischen Persönlichkeit.

Man kann sich aktiv verschönern durch eine bewusste Körper- und Haarpflege, Kosmetik und hübsche Kleidung; auch seine Umgebung kann man ästhetisch gestalten im Sinne eines »Schöner Wohnens«. Schönheit gründet in einem inneren Mit-sich-selbst-einverstanden-Sein. Die äußeren Spuren – sprich Falten – werden als Ausdruck des inneren Reichtums durch die Lebenserfahrungen anerkannt. Wie meint doch der Regisseur Frederico Fellini: »Gesichter sind die Lesebücher des Lebens.«

Schönheit in unserem Leben gewinnen wir auch dadurch, dass wir unser Leben immer wieder mit neuen Augen sehen – und ebenso uns selbst. Es ist das Wahrnehmungs-Vermögen im besten Wortsinn – und dieses Vermögen schaffen wir mehr und mehr mit unserer Lebenserfahrung. Wer sich allerdings »gehen lässt«, nicht seinen eigenen Weg geht und nicht auf sich achtet, verliert mit den Jahren nicht nur seine Selbstachtung, sondern ebenso die der anderen. Wahrhaft schön sind wir dann, wenn wir die Blaue Blume in uns leuchten lassen, das Beste nicht vergessen und unsere Persönlichkeit in jeder Hinsicht pflegen. Wer rastet, der rostet. Daher sollten wir in einem neuen Leben auch aus uns selbst das Beste machen und etwas für unsere schöne Ausstrahlung tun.

Und noch etwas: Schönheit, Sinnlichkeit und auch der Eros gehen nicht *natürlich* mit zunehmendem Alter verloren. Die Jugend hat die Attraktivität nicht gepachtet![25] Auch hier gilt: Das Beste kommt erst noch: reife Liebe! Aber grundsätzlich hat jedes Lebensalter das Schönste zu bieten.

Hier noch einige Tipps zum Fördern Ihrer Schönheit. Stellen oder setzen Sie sich durch Selbst-Achtung und Ausstrahlung ins beste Licht. »Wie Du kommst gegangen, so wirst du empfangen«: Kleidung und Verhalten sagen viel über Ihre Persönlichkeit aus – natürlich können Sie auch zum Ausdruck bringen, dass sie keinen besonderen Wert auf Ihr Äußeres legen. Aber wir können durch unser Outfit und Verhalten ebenso zeigen, wie wir gesehen werden wollen: konservativ, abenteuerlustig, fantasievoll, bescheiden, luxuriös, unkompliziert oder leger und auch, dass wir uns mögen. Warum nicht zeigen, wenn man es sich leisten kann, dass man es sich wert ist, teure Kleidung bzw. Qualität zu tragen? Auf jeden Fall ist es für uns besser, zum Ausdruck zu bringen, was wir wollen.

Ebenfalls bringen wir uns durch Musik, Kunst, Tanz und Naturerkundungen mit der Schönheit des Lebens in Verbindung, deren Quelle in uns selbst fließt. Dann wird diese Quelle sichtbar und wir erkennen im klaren Wasser einen Diamanten: Unsere innere Schönheit erstrahlt.

Für ein neues Leben ist also wahre Schönheit zugleich der Botschafter, der unseren Mitmenschen signalisiert, dass wir unseren neuen Weg gehen – in unserem ganz eigenen Stil.

Einige Winke für Ihr Schönsein

- Verehrte Herren, wenn die Haare Ihrer Frau plötzlich in neuem Glanz, Farbe wie Stil, erstrahlen sollten – und sie dann auch noch ihr Outfit ändert, ist Vorsicht geboten: es muss kein neuer Mann sein, der das neue Aussehen bei ihr bewirkt hat (aber es kann natürlich sein). Möglicherweise wünscht sie sich ein neues Leben. Wenn Sie klug sind, sprechen Sie noch heute über Ihr gemeinsames Leben. Schauen Sie hierzu noch einmal auf den sechsten Schritt. Natürlich gilt dies auch für Damen, jedoch muss ein veränderter Haarschnitt beim Mann keinen neuen Lebenswunsch bedeuten. Es kann ja nur Haarausfall sein. Sagen Sie ihm aber, dass es ihn noch interessanter, ja, schöner macht …
- Und die Angst, »alt auszusehen«? Die kennen wir doch schon in jungen Jahren, wenn wir für unser Aussehen nicht das Beste getan hatten. Vergessen Sie diesen abwertenden Blickfänger einfach. Meiden Sie aber diejenigen, die versuchen, Sie alt aussehen zu lassen. Hierzu zählen auch die überkommenen jugendlichen Schönheitsideale und Vorstellungen vom Alter. Sie sind eher Ausdruck eines schmählichen Blickes und von Vorurteilen über das Alter. Darauf können Sie gelassen verzichten.

- Wenn Sie noch eine Vorstellung von Schönheit brauchen sollten, dann sei Frauen wie Männern beispielsweise ein Blick auf die Schauspielerin Hannelore Elsner empfohlen. Sie strahlt nicht nur reife Schönheit, sondern auch ein wunderschönes Selbstbewusstsein aus – und das eine hat mit dem anderen offensichtlich zu tun.
- Wenn Sie die Schönheit eines anderen einschüchtern sollte, schauen Sie sich selbst in gefälschten Spiegeln an. Und wer Ihre Schönheit nicht erkennen kann, schaut Sie nicht wirklich an. Sie können sicher sein, dass dieser Mensch nicht zu den Besten gehört.
- Äußere Schönheit kann blenden und vielleicht nur eine Hülle sein, um innere Hässlichkeit zu verstecken. Schauen Sie also auch beim scheinbar Schönen genau hin, denn eine ansprechende Hülle ersetzt keine Persönlichkeit.
- Das beste Schönheitsrezept: Liebe macht schön!

Weitere Schritte ins neue Leben

Damit sind Sie acht Schritte weiter in Ihrem Leben – und vielleicht sogar schon in ein neues Leben eingestiegen; denn das Neue beginnt in uns selbst, mit unserer neuen Sicht- und Denkweise ... und vielleicht besorgen Sie sich gleich auch ein neues Outfit – oder liegt dieses schon bereit? Haben Sie schon einen Friseurtermin vereinbart – oder bevorzugen Sie zuvor ein Kosmetikinstitut? Beides ist für Frauen wie Männer auch ein Ausdruck von Lebensqualität – doch Sie wissen selbst besser, ob Sie dies brauchen.

STOPP

Sitzen oder liegen Sie bequem? Schließen Sie kurz Ihre Augen und atmen Sie tief ein und aus. Fühlen Sie in sich hinein und lassen Sie einfach Schönes vor Ihrem geistigen Auge erscheinen. Oder schauen Sie sich, wo immer Sie

sind, um und verweilen Sie mit Ihren Augen auf etwas, das Ihnen besonders gut gefällt. Atmen Sie tief diese Schönheit ein … und langsam – ohne nachzudenken – alle Gedanken, die Ihnen bisher diesen Blick verwehrten, aus. Und wenn Sie dann noch das Beste erwarten, strahlt aus Ihnen ein Licht, das Sie auf Ihrem neuen Weg achtsam und mit einer heiter-gelassenen Gangart voranschreiten lässt. Vielleicht schimmert dieses Licht gar blau?
Hören Sie dabei auch auf Schönes. Klangvoll kann auch die Stille in der Natur sein. Es gibt auch unzählige wunderschöne Lieder, in denen die Schönheit des Lebens, der Natur, von Städten und vor allem die der Frau und der Liebe besungen wird. Der Sänger James Blunt besingt so in »You're Beautiful« die Faszination eines Augenblicks, in dem er die Schönheit einer Unbekannten entdeckte. Einfach schön zu hören! Und Eric Claptons Liebeserklärung an seine Frau, die etwas länger braucht, um sich für eine Party schön zu machen, *ist ebenso ein Genuss: »Beautiful Tonight«.*
Welche Musik Sie auch bevorzugen: Schöne Melodien bringen auch die Saiten Ihrer inneren Schönheit zum Schwingen!

Weitergehen und neu geboren werden

Die Geburt ist nicht ein augenblickliches
Ereignis, sondern ein dauernder Vorgang.
Das Ziel des Lebens ist es, ganz geboren zu werden,
und seine Tragödie, dass die meisten von uns sterben,
bevor sie ganz geboren sind.
Erich Fromm

Ein Sprichwort besagt, dass die längste Reise mit dem ersten Schritt beginne. Mit den acht Schritten sind Sie bereits ein Stück weiter auf dem Weg in ein neues Leben gegangen. Sie konnten auf einer Art *Augenreise* sich selbst, Ihr bisheriges Leben und das, was tief in Ihnen auf Erfüllung wartet, näher betrachten. Das bringt Sie weiter! Für ein neues Leben brauchen wir einen klaren Blick. Und möglicherweise brauchen wir auch neue Antworten auf alte Fragen. So kann sich uns ein Neu-Sehland eröffnen, in dem wir eine bessere Lebensqualität und neue Lebenserfahrungen gewinnen.

Ich weiß, dass es nicht leicht ist, Einsichten vor allem in sich selbst zu gewinnen und einmal all die vertrauten Dinge und Menschen, die man als selbstverständlich voraussetzt, zu hinterfragen. Aber es führt nun einmal kein Weg an uns selbst vorbei. Erst wenn wir bei uns angekommen sind, können wir auf einem neuen Weg weitergehen. Ändern wir dann unsere Blickrichtung, lässt sich allerhand Unbekanntes entdecken – vor allem das Beste für uns. So wünsche ich Ihnen, dass Sie sich bei den vorangegangenen Schritten schon etwas Entlastung verschaffen konnten und mit neuen Augen Ihr Leben betrachten. Oder Sie erkennen nun sogar, dass Ihr Leben doch besser ist, als Sie dachten. Mit Ihrer neuen Sichtweise sehen Sie jetzt klarer, was bereits schön und gut ist und ebenso, was noch nicht ganz so ist, was Sie unzufrieden macht und was noch unter zu viel Druck und Hetze abläuft. Vielleicht stellten Sie auch fest, dass es kein Laufrad ist, das Sie am Laufen halten, sondern eher ein Fließband, dessen Tempo und Richtung nicht zu Ihrem Besten ist. Oder befinden Sie sich auf einer Rolltreppe, auf der Sie nicht vorankommen? Möglicherweise ging es darauf eine gute Zeit lang nach oben, aber irgendwann blieb sie stehen. Sie haben lange nicht mehr darauf geachtet, waren zwar unzufrieden, pflegten ein unbestimmtes Gefühl von Traurigkeit, fühlten sich unwohl – hatten es jedoch ertragen. Wenn dies zutrifft, ist eigentlich nur eins zu tun: die Augen zu öffnen, nach vorne bzw. zur Seite zu schauen und die Beine zu bewegen, weiterzugehen. Steigen Sie dann aus dem Laufrad bzw. vom Fließband oder von der Rolltreppe und schreiten Sie künftig lieber über Felder und Wiesen, Straßen und Wege hin zum Besten. Heben Sie Ihre Füsse und steigen Sie über das, was noch vor dem neuen Weg liegt bzw. gehen Sie daran vorbei – vielleicht ist es notwendig, eine ganz andere Richtung einzuschlagen.

Der Weg hin zum Besten und zu einer neuen Lebensqualität kann mit einer Bergwanderung verglichen werden. Wenn Sie auf dem Gipfel angekommen sind und den Panorama- und Rundblick genießen, wissen Sie auch, dass es nicht ohne Bewegung und Anstrengung geht – nur die Rückblicke fallen in der Natur leichter; zumindest, wenn Sie schwindelfrei sind. Die Schritte zum Gipfel spüren Sie im Körper wie im Geist. Mit Ihrer blauen Blume finden Sie Ihren Weg nach oben – deren Duft erleichtert selbst Umwege und überwindet Hindernisse. Auf der Bergspitze angekommen, entdecken Sie vielleicht noch viel mehr, als Sie sich bisher vorstellen konnten.

Wenn Sie jetzt Ihr Leben mit einer neuen gelassenen Gangart weitergehen wollen, könnten Sie sich bald wie neu geboren fühlen. Ja, Erich Fromm bringt es auf den Punkt: Um ganz geboren zu werden, brauchen wir unser ganzes Leben. Die Geburt ist ein lebenslanger Vorgang und mindestens dreimal werden wir geboren:

Erste Geburt: Diese erfolgt in unsere Herkunftsfamilie. Durch die Familie, Beziehungen, Schule, Bildung, Berufsausbildung u. a. erhalten wir die persönlichen Grundprägungen. Wir beginnen, zunächst noch weitgehend unselbstständig, unseren Lebensweg und machen unsere ersten Erfahrungen.

Zweite Geburt: Wir werden erwachsen, lernen, auf eigenen Beinen zu stehen, entwickeln ein persönliches Profil. Wir bauen unser Berufs-Leben und unser eigenes Lebensmodell auf und übernehmen die volle Verantwortung für unser Leben: sind volljährig.

Dritte Geburt: Nach dem Berufs-Leben beginnt die »Dritte Lebensphase«: Wir können ernten, was wir in unserem bisherigen Leben gesät haben und unseren Erfahrungsschatz weitergeben – oder auch nicht. Ein weiterer Neubeginn wird möglich.

STOPP

Vor welcher Geburt stehen Sie heute?

Es sind nicht nur drei Geburten und damit drei neue Leben in einem Menschenleben möglich, sondern so viele, wie Sie brauchen und zu Ihrem Besten sind. Selbst wenn die alten Rahmenbedingungen in Beruf, Beziehungen und am Lebensort die gleichen bleiben sollten, auch wenn Sie das alte Auto weiterfahren und Sie Ihre Frisur so lassen, wie sie ist, sind Veränderungen und ein neues Leben möglich. Doch werden Sie es kaum verhindern können, dass Sie durch Ihre neue Sicht- und Denkweise sowie Ihre persönliche Ausstrahlung auch das, was Sie umgibt, mit verändern – hin zu einer besseren Lebensqualität, einem schöneren Lebensgefühl und Miteinander. Denn das ist das Verrückte am menschlichen Leben: Dann, wenn wir entschlossen sind, das Beste zu wollen, erhalten wir es häufig auch. Lassen Sie sich also auf das Neue ein, nehmen Sie Abschied von all dem, was bisher Ihre Lebenszufriedenheit hemmte und Ihnen das Beste vorenthielt.

Mit Ihren Reiseutensilien sind Sie bestens für Ihr neues Leben ausgestattet und Sie wissen um die Wichtigkeit Ihrer persönlichen Ausstrahlung. Vergessen Sie nicht Ihre Notizen, wenn Sie welche gemacht haben – vielleicht haben Sie ja sogar ein MGB, ein Morgen-Gedanken-Buch, begonnen? Oder hatten Sie sich ein Lesezeichen mit einer Liste Ihrer glücklichen Momente gemacht, wie im ersten Teil angeregt? Die Notizen zeigen Ihnen, was Sie wirklich denken, fühlen und sich wünschen. Vergessen Sie auch Ihre Erlaubnisscheine nicht!

Vielleicht wollen Sie damit beginnen, Ihre gewohnten Tages- und Wochenabläufe etwas zu verlangsamen, anzuhalten oder durcheinanderzubringen? Schauen Sie doch einmal in Ihrer Kommode bzw. dort nach, wo Sie etwas für später aufbewahrt haben. Jetzt ist die richtige Zeit dafür gekommen! Schauen Sie sich ebenso in anderen Welten um oder springen Sie ganz aus dem Laufrad, vom Fließband oder rennen Sie die Rolltreppe hinauf oder hinunter. Wie wäre es bald schon mit einer Reise in ein Ihnen noch unbekanntes Land, eine andere Kultur? Bereichern Sie Ihr Vorstellungsvermögen! Erkunden Sie jedenfalls Felder, Täler, Berge und Meere – tauchen Sie ein in den Fluss des Lebens. Hin zu einem neuen Lebensgefühl und einer neuen Lebensqualität! Und das Beste für Ihren Weg haben Sie ja schon: Das sind Sie selbst!

Wiederholen Sie die acht Schritte ruhig mehrfach, wenn es Ihnen danach ist. Doch passen Sie auf, dass Sie dabei nicht übertreiben oder sich gar einen neuen Stachel ins Fleisch stecken, da Sie meinen, diese acht Schritte *perfekt* gehen zu müssen. Erlauben Sie sich, mutig zu sein und das Wagnis einzugehen, sich Ihre Sehnsucht und Herzenswünsche in diesem Leben zu erfüllen. Pflanzen Sie Ihre Blaue Blume in Ihren Alltag ein. Schenken Sie sich also Ihr neues Leben, denn jetzt ist genau die richtige Zeit dafür![26] Bevor ich Ihnen das Manifest der Besten mit auf den Weg gebe, halten Sie ruhig noch einmal inne:

STOPP

Atmen Sie tief ein und vor allem aus – fühlen Sie in sich hinein – schenken Sie sich ein Lächeln – Sie sind einzigartig und wunderschön! Üben Sie Gelassenheit; denn in diesem Augenblick muss nichts sein, gar nichts …

Erinnern Sie sich noch an meine einleitenden Verse »Neue Wege wagen«? Lesen Sie diese doch noch einmal. Und Christian Morgenstern bringt wunderbar poetisch das Hauptanliegen dieses Buches zum Ausdruck:

Alles fügt sich und erfüllt sich, mußt es nur erwarten können
und dem Werden deines Glückes Jahr'
und Felder reichlich gönnen.
Bis du eines Tages jenen reifen Duft der Körner spürest
und dich aufmachst und die Ernte
in die tiefen Speicher führest.

Ja, so ist es: *Das Beste kommt erst noch!* Und der Duft der Blauen Blume verführt uns und lässt uns zu einem neuen Leben aufbrechen.

Gönnen Sie sich also mehr Lebenszufriedenheit und Gelassenheit, eine bessere Lebensqualität, mehr vom Besten und all die wunderbaren kleinen Dinge. Wie und wo auch immer: Erlauben Sie sich, sehnsuchtsvoll, fantasievoll und hoffnungsvoll zu sein!

Willkommen in Ihrem neuen Leben!

Das Manifest der Besten

Deine erste Pflicht ist,
dich selbst glücklich zu machen.
Ludwig Feuerbach

Besser als der Philosoph Ludwig Feuerbach können wir das, worum es beim Besten im Leben geht, nicht formulieren. In jedem Menschen ist so viel Glanz, wie Sterne am Himmel sind. In jedem Menschen wartet die Blaue Blume der Sehnsucht, die ihm mit glitzernd blauem Schimmer heimleuchten wird – dorthin, wo er geborgen ist, geliebt wird und verrückt sein darf: Coming home! Selbst im Dunkeln lässt die Sehnsucht die Blaue Blume hell erleuchten und wir können hoffnungsvoll auf unserem blauen Planeten nach vorne schreiten und ein neues Leben beginnen; denn wir wissen: Das Beste kommt erst noch!

Das Manifest der Besten will dazu ermutigen und ermuntern, dieses Leben als Geschenk anzunehmen, die Dinge des Lebens etwas weniger ernst zu betrachten und uns wieder mehr ins Gelingen des Lebens zu verlieben. So lässt sich in einer gelassenen Gangart zufrieden durch dieses Leben schreiten, springen, tanzen, hüpfen oder sich fortbewegen, wie Sie wollen! Hier unser Manifest:[1]

- Wir, die Besten, wissen: Es gibt keinen richtigen Weg hin zum Besten, sondern der Beste zu sein, ist der Weg. Wir wissen auch, dass viele Wege nach Rom führen und wählen den besten – und dieser führt zu uns selbst (und vielleicht nach Vanuatu, siehe siebter Schritt).
- Wir lieben das Abenteuer des Lebens und sind bereit, Liebe zu erfahren, an Wunderbares zu glauben, uns für romantische Augenblicke stark zu machen und uns dem Leben leidenschaftlich hinzugeben – auch wenn es etwas schmerzen sollte.

- ❀ Wir gehen bestens mit uns selbst um, achten und lieben uns; denn wir wissen, dass wir uns bis zum Lebensende aushalten müssen. Wir schauen uns offen im Spiegel in die Augen und wissen, dass nur der uns glücklich machen kann, den wir dort sehen.
- ❀ Wir wissen, dass derjenige, der nur zuschaut, von sich wegsieht und sein Bestes übersieht. Wir träumen nicht von dem, was wir erleben könnten, sondern wir erleben unsere Träume, da wir hinschauen. Manchmal braucht es auch einen magischen Blick und die Macht der Fantasie.
- ❀ Wir haben die wichtigste Lebensentscheidung selbst getroffen und wissen, wie wir leben wollen. Wir stehen zu unseren Sehnsüchten, wir sind bereit, auch Neues zu wagen und mit Unbekanntem zu experimentieren – neue Fehler und neue Erfahrungen zu machen, um auf unserem Weg auch dem Wunderbaren zu begegnen. Wir sind der Meinung, dass es im Leben viel mehr spannende Dinge zu erleben gibt als solche, die wir falsch machen können.
- ❀ Wir bevorzugen, wie Oscar Wilde, einen einfachen Geschmack und sind immer mit dem Besten zufrieden!
- ❀ Wir schenken jedem ein schelmisches Lächeln, der meint, wir sollten anders sein, als wir sein wollen und sind. Wir geben uns die Erlaubnis, unsere Herzenswünsche zu leben, vermeiden aber jedes Muss. Alles ist möglich, wenn es zu unserem Besten ist, und was uns unmöglich erscheinen sollte, ist vielleicht genau das Beste für uns. Dies sollten wir uns gönnen.
- ❀ Wir wissen auch, dass Lebenskunst die wahre Kunst ist und die höchste Kunstform die Liebe. Liebe erfahren wir nicht dadurch, dass wir anderen etwas beweisen, sondern vielmehr, indem wir uns so verhalten, wie wir wirklich sind. Wir geben uns zu erkennen und anderen die Chance, uns wirklich kennenzulernen. Das ist das Beste für uns und auch für die anderen.

- ❀ Wir wundern uns nicht, wenn uns die Liebe überfällt, sondern wissen, dass sie nicht anders kann, als zu überraschen. Das Beste, was wir dann tun können, ist: uns hinzugeben und mit den Augen der Liebe unser Leben zu betrachten. Unsere Blaue Blume erinnert uns daran, auf unserem Weg weiterzugehen – am besten gemeinsam.
- ❀ Wir sind Optimisten, erlauben uns aber, die Telefonnummer des besten Freundes bzw. der besten Freundin bei uns zu haben.
- ❀ Wir wissen, dass jeder Tag, an dem wir leben, heute ist und die Chance hat, unser bester zu werden. Wir erwarten gelassen das Beste, was erst noch kommen wird, denn der nächste Morgen bringt ein neues Heute hervor.
- ❀ Wir pflegen eine gelassene Gangart durch unser Leben. Wir akzeptieren Schönes und Mangelhaftes. Wenn es aber einmal angebracht ist, erlauben wir uns durchaus einen heftigen Gefühlsausbruch – und wenn es unangebracht war, entschuldigen wir uns dafür.
- ❀ Wir hören nicht auf, nach Vollkommenheit zu streben – vielleicht können wir sie ja morgen schon erleben. Wir bleiben dennoch gelassen und tun so, als würde nichts Großartiges bevorstehen.
- ❀ Wir wollen unseren Lebensunterhalt verdienen, aber nicht unser Leben dafür opfern oder in einem Laufrad durchdrehen. Wir haben uns von der Illusion der Sicherheit verabschiedet und unsere Selbstsicherheit begrüßt.
- ❀ Wir Besten wollen erfolgreich sein ohne schlechtes Gewissen. Wir küssen Fortuna vielleicht öfter, als sie es will. Wir wollen eine Spur im Leben hinterlassen, vielleicht auch einen guten Eindruck – doch nur mit den besten Gefühlen.
- ❀ Wir haben keine Angst davor, auch mal eine Neun gerade sein zu lassen, uns einfach gehen zu lassen. Auch Pflichten, Ordnung und die Verbesserung der Welt lassen wir einmal links liegen und tun dafür etwas Verrücktes, tan-

zen aus der Reihe, spielen, feiern und genießen voll unser Leben. Wir pflichten William Somerset Maugham bei, der gelegentliche Ausschweifungen als anregend empfiehlt, da sie verhüten, dass Mäßigkeit zur Gewohnheit wird.

- Wir Besten zeigen Mitgefühl; denn für uns gehört Mitmenschlichkeit zum Besten dazu. So bleiben unsere Herzen lebendig und wachsen in unermessliche Weiten. Doch bei aller Liebe zu unseren Mitmenschen hüten wir uns davor, uns in Selbstaufopferung zu verlieren. Es gibt auch ein Zuviel des Guten. Sonst geraten wir in Selbstvergessenheit. Niemandem hilft es, an einem verletzten Herz teilzuhaben.
- Wir Besten wissen, dass unsere Gefühle nicht lügen, eher ist es unser Kopf, der uns etwas vormacht, um etwas nicht wahrhaben zu müssen. Wir wollen aber Nähe zu uns selbst erleben und wissen, dass wir diese auch einmal zu spüren bekommen, selbst wenn es sich nicht gut anfühlt. Wir haben auch keine Angst davor, einmal den Verstand zu verlieren.
- Wir wissen um die Bedeutung unseres Lebensortes. Wenn jemand uns auf den Baum hinweist, den man nicht verpflanzen soll oder auf den Schuster, der bei seinen Leisten bleiben soll, sagen wir diesem, dass wir keine Bäume oder Schuster sind. Die Schuster unter uns könnten die Bedenkenträger damit beruhigen, dass sie ja auch am neuen Ort Schuster bleiben – aber eben glücklicher und zufriedener.
- Wir sind für den eigenen Weg bestens ausgestattet; denn wir sind die acht Schritte in ein neues Leben gegangen, haben Neu-Sehland entdeckt, uns ein Scheckbuch voller Erlaubnisscheine ausgestellt, wir atmen achtsam und halten immer wieder inne mit einem: STOPP!!! Mit unseren Vermögenswerten – Erinnerungs-, Wahrnehmungs-, Unterscheidungs- und Vorstellungsvermögen – können wir uns die ganze Welt leisten. Wir genießen Musik und Klänge, die uns gut gestimmt unseren Weg gehen lassen

und folgen dabei Friedrich Nietzsche, der eine Fahne im Wind flattern lässt, auf der steht: Ohne Musik ist das ganze Leben nur ein Irrtum. Wir lassen die Saiten unserer Sehnsucht durch Musik immer wieder einmal zum Klingen bringen und nehmen den betörenden Duft der Blauen Blume in uns wahr.

❀ Wir lieben wahre Schönheit in allen Lebensaltern und meiden die bösen Blicke auf das Alter, die geblendet sind von jugendlichen Schönheitsidealen und Ängsten vor dem Älterwerden. Wir wählen bewusst die Schreibweise »älter Werden« und sehen unser Leben als ein Werden bis zum Ende. Wir tragen zu einer neuen Kultur und Ästhetik des Alters dadurch bei, dass wir auf unser Bestes achten.

❀ Wir Besten wissen, dass das, was gewesen ist, hinter uns liegt und es heute darauf ankommt, zu entscheiden, wohin wir gehen und wie wir leben wollen. Wir lassen uns nicht durch starre und willkürliche Altersgrenzen, wie den Beginn der Rentenzahlung, das Beste nehmen. Wir bleiben bis zum Abschied von dieser Erde neugierig und dankbar für unser Leben. Wir wissen, dass Attraktivität und Erotik nicht mit den Jahren verloren gehen. Wir können mehrfach in unserem Leben neu geboren werden. Neue Lebensabschnitte bieten neue Lebenschancen – wie auch immer. Wir sind der Meinung, dass es besser ist zu leben, bevor wir sterben. Wir wollen älter Werden und wer uns fragt, was danach kommt, soll uns dann später noch einmal fragen.

❀ Wir sind uns darüber im Klaren, dass Gesundheit nicht alles, aber ohne Gesundheit alles nichts ist. Dennoch verfallen wir nicht in einen Gesundheitswahn, der nur verunsichert und letztlich krank machen kann. Wir bewegen und entspannen uns, wir ernähren uns bewusst und vor allem verlieren wir das Beste nicht aus den Augen. Unsere Devise: das rechte Maß! Auch kann es einmal eine Mass Bier sein.

❀ Wir sind überzeugt, dass das Beste zumeist aus heiterem Himmel geschieht und häufig am Wegesrand liegt – daher denken wir quer und sind aufgebrochen nach Neu-Sehland.
❀ Wir, die Besten, sind Menschen und wissen um unsere Grenzen – doch manchmal sind wir gerne vergesslich und überschreiten diese.

Sie, liebe Leserin, lieber Leser, gehören zu den Besten!

Nehmen Sie den Duft der wunderbaren Blauen Blume wahr, schenken Sie sich immer wieder ein Lächeln und gehen Sie mit Zuversicht in ein neues Leben. Schauen Sie doch gleich einmal aus dem Fenster – hinauf zum Himmel – halten Sie nach Rauchzeichen Ausschau, die von der Glut der Sehnsuchtsgedanken der Besten in unendlich vielen Farben zum Himmel aufgestiegen sind – schauen Sie genau hin und Sie werden lesen: Das Beste kommt erst noch.

Wagen Sie also, verrückt genug zu sein, Ihr Bestes zu erwarten; denn: »Das Komische am Leben ist: Wenn man darauf besteht, nur das Beste zu bekommen, dann bekommt man es häufig auch.« (William Somerset Maugham)

Gönnen Sie sich auch immer wieder Ihr schelmisches Lächeln!

Und wenn wir unser eigenes Leben besser leben, können wir aus tiefstem Herzen – frei nach Oscar Wilde – rufen: »Diese Welt und ich kommen bestens miteinander aus!«

In diesem Sinne – lassen Sie Ihre Sehnsüchte wahr werden, beginnen Sie ein neues Leben, wo, wie und mit wem auch immer. Bleiben Sie achtsam, schöpfen Sie Kraft und Lebensgenuss aus Ihrer Blauen Blume und verlieren Sie Ihr Bestes nicht aus den Augen!

… und wenn Ihnen danach sein sollte, senden Sie mir bei Gelegenheit beste Wünsche – die Adresse finden Sie im Abschnitt *Der Autor*.

Sie können sich jetzt freuen; denn das Beste kommt ja erst noch, wenn Sie dieses Buch beiseitegelegt haben!

Beste Wünsche vom Starnberger See
Ihr Dr. Dieter Mueller-Harju
Im Auftrag der Besten

Anhang

Anmerkungen

Ein neues Leben wagen

[1] Diese etwas poetische Einstimmung ist bereits in meinem Buch *Beruf und Lebenssinn in Einklang bringen. Er-Finde Dein Beufs-Leben neu!* zu finden (München 1997, S. 16). Für dieses Buch habe ich diese entsprechend *erneuert.*

Einladung zum vollen Leben

[1] Mit dem Begriff Laufrad meine ich natürlich nicht das Kinderfahrrad ohne Pedale, sondern eher ein Hamster-Laufrad bzw. eine Tretmühle. Ein Laufrad symbolisiert das sich immer Wiederholende, Gleiche, ein Auf-der-Stelle-Treten: nichts Neues!

Lebenszufriedenheit ist wahrer Reichtum

[1] Dieses Fallbeispiel wurde meinem Buch *Kompass 50 plus. Perspektiven für den beruflichen und persönlichen Neubeginn, Nürnberg 2001*, Seite 43 ff. entnommen. Hier finden sich typische »Zwischenzeitsituationen«, wenn das Berufsleben ausklingt. Auf www.ab50-online.de finden Sie nähere Informationen hierzu oder direkt beim Autor.

[2] In meinem Buch *Das Fortuna-Prinzip. Erfüllter leben in Berufs-Lebens-Balance, Nürnberg 2004*, beschreibe ich anhand der Fortuna-Symbole, warum Glück kein Zufall ist, welche Bedeutung der Beruf dabei hat und wie wir Lebenskunst üben können.

[3] Wir folgen einem bestimmten Menschenbild, dem des »Berufsmenschen«. Was dies konkret bedeutet und wie dieses in unserer Kultur entstanden ist, beschreibe ich in meinem o.g. Buch *Das Fortuna-Prinzip,* Seite 17–50.

[4] Vgl. Thich Nhat Hanh: *Schlüssel zum Zen. Der Weg zu einem achtsamen Leben,* Freiburg i.Br. 1996. Achtsamkeitsübungen, wie die »Herz-Willens-Haltung« finden sich auch in *Das Fortuna-Prinzip*, S. 136 f.

Das Beste oder das Geheimnis der Blauen Blume

[1] Hermann Hesse: Jedem Anfang wohnt ein Zauber inne. Lebensstufen, Frankfurt 1986, S.7.

[2] Vgl. Sri Aurobindo: *Zyklus der menschlichen Entwicklung*, Planegg 1983; ders.: *Das Ideal einer geeinten Menschheit,* Gladenbach 2000.

[3] *Novalis: Heinrich von Ofterdingen,* hrsg. von Jochen Hörisch, Frankfurt 1982, S. 15.

[4] Novalis' »Blaue Blume« ist in vielen Gemälden und in der Literatur Thema. Joseph Freiherr von Eichendorff schrieb ein Gedicht über »Die blaue Blume«. Goethe suchte vor allem in Italien seine »Urpflanze«, die der blauen Blume entspricht. Hertha Vogel-Voll verwendete die Blaue Blume in ihrem Kunst-Märchen »Die Silberne Brücke«. Das Gemälde »Klingsors Zaubergarten« von Angerer dem Älteren beschwört in einzigartiger Weise die Blaue Blume der Romantik. Heute wird in der Kunst und Literatur der Leitsatz »Sehnsucht nach der Ferne« oft mit dem Symbol »Blaue Blume« gleichgesetzt. Die Frankfurter Kunsthalle Schirn erkundete 2005 mit »Wunschwelten« die neue Sehnsucht nach alter Romantik: Blaue Blume, wo nur blühst du? Und nicht zu vergessen: Wassily Kandinsky, Franz Marc und der »Blaue Reiter«. Beide Maler liebten Pferde und die Farbe Blau und zusammen mit den Malern Feininger und Jawlensky entstand schließlich auch: »Die Blaue Vier«.

[5] Kunstwerke können uns hierbei inspirieren. Vor allem Werke des Surrealismus und Wiener Fantastischen Realismus haben mir früh schon andere Welten offenbart – und geholfen, das Leben auch anders zu betrachten. Genannt seien hier unter vielen die Werke von Salvador Dalí, Max Ernst, Picasso, Ernst Fuchs, Arik Brauer, Magritte. Auch Hieronymus Bosch zeigte mir Welten, die mich anderes sehen ließen. Die Schriften von André *Breton (Das Manifest des Surrealismus* oder *Das Weite suchen. Reden und Essays*) lassen Denkgewohnheiten überschreiten. Vgl. *Die Wiener Schule des Fantastischen Realismus* von Johann Muschik, Gütersloh 1974. Augenscheinlich wird das Überschreiten des Gewohnten mit der Architektur von Friedensreich Hundertwasser. Ja, unsere Lebenskultur bietet noch unendlich viel Gestaltungspotenzial …

[6] Vgl. zum Beispiel: Eva Heller: *Wie Farben wirken. Farbpsychologie, Farbsymbolik, Kreative Farbgestaltung,* Reinbek 2004.

Acht Schritte in ein neues Leben. Aufbruch nach Neu-Sehland

[1] In meinem Buch *Das Fortuna-Prinzip* spielt die Zahl Acht auch eine besondere Rolle. Unter anderem sind es »Acht beherzte Schritte für ein erfülltes Berufsleben«, die ein von Fortuna beseelter Mensch geht, s. dort S. 149 ff.

[2] Vgl. *Das Fortuna-Prinzip*, S. 22 ff.

[3] Der große Psychologe und Philosoph Paul Watzlawik hat mit seinen Werken unsere Sicht auf die Wirklichkeit und das, was wahr ist, gründlich ins Wanken gebracht. Vgl. Paul Watzlawik: *Wie wirklich ist die Wirklichkeit? Wahn-Täuschung-Verstehen,* München 1983, oder ders.: *Anleitung zum Unglücklichsein,* München 1983.

[4] In den 1990er Jahren entdeckte eine breite Öffentlichkeit den »magischen Blick«. Bücher wie das von Jürgen Stock: *»Die Verzauberung des Augenblicks«,* Freiburg 1994, und

Bildbände mit dreidimensionalen Illusionsbildern und fantastischen Bildern begeisterten viele Menschen und lösten manchen Aha-Effekt aus. Nicht wenige sahen vielleicht zum ersten Mal die Welt mit anderen Augen. 3-D-Bilder sollten einer erweiterten Wahrnehmung dienen. George Pennington, der sich schon in den 1980er-Jahren mit visuellen Techniken beschäftigte, rückte die spirituelle Dimension des magischen Sehens in den Mittelpunkt seiner Arbeit. Ihm ging es um den Weg über die Augen, eine Art schielend-spielerische Augenschulung, ein Meditationsweg zu einem wachen, existenziellen Gewahrsein. Er spricht von einem weichen Blick, der dem Schauenden tiefere Dimensionen eröffnet – seiner selbst und der Welt. Dem, der mehr über das weiche, magische Sehen erfahren will, sei sehr empfohlen: George Pennington: *Der Weg über die Augen. Übungen für das visuelle Glasperlenspiel,* Paderborn 1994. Hier finden Sie auch Anregungen für Einsichten bei Ihren acht Schritten.

[5] Einen Überblick über Meditationsarten und Anwendungen finden sich bei: Patricia Carrington: *Das große Buch der Meditation,* Bern, München, Wien 1995. Das Buch von David Steindl-Rast: *Die Achtsamkeit des Herzens,* München 1997, lege ich Ihnen auch ans Herz, wie natürlich die Bücher von Thich Nhat Hanh, Jack Kornfield oder dem Dalai Lama, die unsere Achtsamkeit wecken. Nähere Hinweise finden Sie bei den Literaturempfehlungen. Auf meiner CD *Beruf und Lebenssinn im Einklang* hören Sie geführte Meditationen für einen Sonnen-Weg, u.a. Klingende Stille und die Berufungs-Meditation (Hörproben auf www.fortuna-prinzip.de unter Publikationen).

[6] Vgl. Joachim-Ernst Berendt: *Nada Brahma. Die Welt ist Klang,* Reinbek 2002. Hal A. Lingerman: *Bewusst Musik hören,* Frankfurt 1991.

[7] Näheres über die Klangmassage finden Sie in dem Buch des Leiters des Klanginstituts, Peter Hess: *Die heilende Kraft der Klangmassage,* München 2006.

[8] In meinem Buch *Das Fortuna-Prinzip* gebe ich Ihnen weitere Anregungen und Hinweise auf Wegbegleiter für ein erfülltes Leben. A. a. O., Seite 103 ff.

[9] In meinem Buch *Generationswechsel im Familienunternehmen. Mit Emotionen und Konflikten konstruktiv umgehen;* Wiesbaden 2002, findet sich ein Beispiel für eine Kopf-Herz-Entscheidung bei der Nachfolgeklärung, S.71 ff. Zur Klärung aktueller Entscheidungssituationen ist hilfreich: *Ja, nein, vielleicht? Entscheidungen leichter treffen* von Gitte Härter, Nürnberg 2004.

[10] Das Lied von Udo Jürgens »Wer nie verliert, hat den Sieg nicht verdient« ist zu finden auf der CD: *Nur das Beste – Die achtziger Jahre,* 13. Track.

[11] Natürlich kann hier keine umfassende Lebensweganalyse erfolgen. Hierzu finden Sie u.a. in meinen Büchern *Kompass 50 plus* und *Das Fortuna-Prinzip* Anleitungen. Wer es genauer wissen und verstehen will, dem sei einmal eine persönliche Lebensweg-Beratung empfohlen.

[12] Zur Berufs-Lebens-Bilanz siehe auch: *Das Fortuna-Prinzip,* S. 84 ff.

[13] Mit den Fragen des »älter Werdens« und den Aufgabenstellungen je Lebensphase befasse ich mich auch in der persönlichen Beratungsarbeit. Zu den lebensphasenspezifischen Aufgaben nach dem sog. Siebener-Rhythmus findet sich u.a. in meinem Buch *Kompass 50 plus* eine Übersicht, vgl. dort, Seite 91 ff./vgl. auch das engagierte Buch von Elke van Eick: *Auch Männer haben Wechseljahre. Tipps für Männer und Frauen,* München 2004. Sehen Sie hierzu auch meine Webseite: www.ab50-online.de

[14] Ausführlich habe ich mich mit den Fragen und Herausforderungen des »älter Werdens« in meinem Buch *Kompass 50 plus* auseinandergesetzt. Hier finden Sie Näheres: www.happy-aging-quellen.de

[15] Das Thema »Beruf und Lebenssinn« bildet seit nunmehr über zwanzig Jahren einen Schwerpunkt meiner wissen-

schaftlichen und beraterischen Arbeit. In meinen erwähnten Büchern *Beruf und Lebenssinn in Einklang bringen. Erfinde Dein Berufs-Leben neu* und *Das Fortuna-Prinzip. Erfüllter leben in Berufs-Lebens-Balance* finden Sie die wesentlichen Ergebnisse mit entsprechenden Empfehlungen. Sehen Sie auch den »Lebensbaum«, der die Grundfragen des Berufs-Lebens trägt (Das Fortuna-Prinzip, S. 85). Meine CD *Beruf und Lebenssinn im Einklang* führt Sie mit Fantasiereisen und Übungen zu Ihrem »roten Faden«, Ihrer Berufung, und fördert eine selbstbewusste Einstellung zu Ihrem Berufs-Leben. Die CD ist unter www.berufs-leben-online.de – »Veröffentlichungen« erhältlich.

16 Vgl. hierzu die Perspektiven einer erfüllten Berufs-Lebens-Kultur, in: *Das Fortuna-Prinzip,* S. 46 ff.

17 Vgl. Meister Eckhart: *Das Buch der göttlichen Tröstung. Von dem edlen Menschen,* München 1996.

18 Eine wertvolle Hilfe für Paare sind Zwiegespräche, in denen Sie in einer offenen, vertrauensvollen Atmosphäre gegenseitig erfahren können, was Sie wirklich miteinander verbindet bzw. voneinander trennt. Vgl. hierzu: Michael Lukas Moeller: *Die Wahrheit beginnt zu zweit. Das Paar im Gespräch,* Reinbek 2001.

19 Vgl. Claudia Hartmann: *Rituale zu zweit. Was Liebende zusammenhält,* München 2006; Daphne Rose Kingma: *Die kleinen Gesten der Liebe. Glücklich sein und glücklich bleiben,* Wessobrunn 1994.

20 Erich Fromm: *Die Kunst des Liebens,* Frankfurt, Berlin, Wien 1978, S.44.

21 Meine Suche nach dem *besten* Lebensort dauerte mehr als zehn Jahre, führte mich durch viele Länder der Welt – und mündete schließlich doch in Deutschland, in Bayern, in einer kleinen Gemeinde am Starnberger See: Tutzing heißt der Ort.

22 Für die Vorbereitung auf die neue Lebensphase Ruhestand bietet u.a. mein *Kompass 50 plus* einen Werkzeugkasten. Näheres auf www.ab50-online.de

[23] In über 170 Ländern lassen sich Deutsche schon ihre Rente überweisen. Näheres hierzu auf der Webseite der Deutschen Rentenversicherung: www.deutsche-rentenversicherung.de

[24] Nach *dem Happy-Planet-Index,* der von der britischen Stiftung *New Economics Foundation* (NEF) in Zusammenarbeit mit der Naturschutzorganisation *Friends of the Earth* erstellt wird, gilt der Südsee-Inselstaat Vanuatu als glücklichster Ort der Welt. Deutschland kommt in dem Index von 2006 auf den Platz 81. Kanada, Schweden und USA schneiden in der Zufriedenheitsskala schlechter ab – USA rangiert auf Platz 150. Wie man auch zu den Ergebnissen und den Methoden stehen mag, man blickt einmal anders auf die Welt – nicht auf Geld und Macht, sondern auf Lebensqualität. Übrigens geben die Insulaner als Begründung an, dass sie glücklich seien, weil sie mit sehr wenig zufrieden sind. Eine Übersicht über den *Happy-Planet-Index* finden Sie auf der Seite:
http://www.happyplanetindex.org

[25] Mit meinem Plädoyer für eine Ästhetik des Älterwerdens meine ich vor allem die sinnenreiche (Selbst-)Wahrnehmung und Achtsamkeit gegenüber der persönlichen Entwicklung und Ausstrahlung. Es ist die Wahrnehmung und ästhetische Gestaltung von Lebendigkeit in allen Dimensionen: von mir selbst, meinem Äußeren, meinem Körper, meinem Denken und Handeln. Vgl. *Kompass 50 plus,* S. 182 f.

[26] Einen weiteren Musiktipp für Ihren Aufbruch in ein neues Leben möchte ich Ihnen nicht vorenthalten: Die Sonnenweg-Melodie. Diese ist auf meiner CD *Beruf und Lebenssinn im Einklang* zu finden. Hören Sie doch einmal hinein: www.fortuna-prinzip.de – dort finden Sie unter Publikationen vier Hörproben, u.a. die Sonnenweg-Melodie.

Das Manifest der Besten

1 Mein Buch ist insgesamt ein *Manifest für ein authentisches Leben* – und das kann nur das Beste sein! Mit »Wir« meine ich jeden, der sein Bestes im Leben erfahren will und auch bereit ist, neue Wege zu wagen. Sie wissen selbst, was für Sie am besten ist und ein neues Leben bedeuten könnte. Das Manifest will anregen, das Beste nicht aus den Augen zu verlieren: das sind Sie selbst! Es sind keine Gebote für das Beste, sondern Wachhalter. In meinem Buch *Das Fortuna-Prinzip* empfehle ich zehn Leitsätze für einen *Weg mit Fortune*. Hier finden Sie weitere Anregungen für das Beste im Leben. Vgl. dort, S. 161 f.

Literaturempfehlungen

Bücher lesen heißt,
wandern gehen in ferne Welten,
aus den Stuben über die Sterne.
Jean Paul

Neben den bereits in den Anmerkungen genannten Buchempfehlungen kann ich hier nur einige mir wichtige Bücher erwähnen, die gute Aussichten auf das eigene Leben bieten und nützlich für unser Seh- und Vorstellungsvermögen sind.

Bach, Richard: *Die Möwe Jonathan,* Frankfurt, Berlin 1987
Bambaren, Sergio: *Der träumende Delphin. Eine magische Reise zu dir selbst,* Hamburg 1998
Birkner, Monika: *Wachstumsstragien für Solo- und Kleinunternehmer. Mit neuem Denken und Handeln zu mehr persönlichem und geschäftlichem Erfolg,* Regensburg, Berlin 2006
Coelho, Paulo: *Auf dem Jakobsweg. Tagebuch einer Pilgerreise nach Santiago de Compostela,* Zürich 1999
Dahlke, Rüdiger: *Die Leichtigkeit des Schwebens. Beschwingte Wege zur Mitte,* München 2001
Dalai Lama: *Das Auge einer neuen Achtsamkeit. Traditionen und Wege des tibetischen Buddhismus – Eine Einführung aus östlicher Sicht,* München 1987
Fitzgerald, Penelope: *Die blaue Blume,* Frankfurt a. M. und Leipzig 1999
Fromm, Erich: *Haben oder Sein,* Stuttgart 1976
Goethe, Johann Wolfgang: *Das Leben, es ist gut. Hundert Gedichte,* ausgewählt von Siegfried Unseld, Frankfurt a. M. und Leipzig 1997
Hellinger, Bert: *Entlassen werden wir vollendet. Späte Texte,* München 2001

Hesse, Hermann: *Demian. Die Geschichte von Emil Sinclairs Jugend,* Frankfurt 1976
Hille, Winfried: *Die Kunst des Neuanfangs. Neustart ins Glück,* Krummwisch bei Kiel 2005 (4. erw. Aufl.)
Jungk, Robert: *Trotzdem. Mein Leben für die Zukunft,* München, Wien 1993
Kandinsky, Wassily: *Über das Geistige in der Kunst, insbesondere in der Malerei,* Bern 1952 (2004 revidierte Neuauflage)
Kornfield, Jack: *Frag den Buddha und geh den Weg des Herzens,* München 1995
Klee, Paul: *Malerei und Musik,* München, London, New York 2001
Maslow, Abraham A.: *Psychologie des Seins. Ein Entwurf,* Frankfurt 1985
Maugham, William Somerset: *Silbermond und Kupfermünze,* Zürich 1973
Mueller-Harju, Dieter: *Das Fortuna-Prinzip. Erfüllter leben in Berufs-Lebens-Balance,* Nürnberg 2004
Nietzsche, Friedrich: *Menschliches, Allzumenschliches. Ein Buch für freie Geister,* Stuttgart 1993 (9. Aufl.)
Novalis: *Heinrich von Ofterdingen,* hrsg. von Jochen Hörisch, Frankfurt 1982
Novalis: *Blaue Blume & Karfunkelstein,* Neuwied 1999
Powys, John Cowper: *Die Kunst des Älterwerdens,* Frankfurt 2005 (2.Aufl.)
Payne, David: *Bekenntnisse eines Taoisten an der Wallstreet,* München 1998
Pirsig, Robert M.: *Zen und die Kunst ein Motorrad zu warten,* Frankfurt 1992
Rilke, Rainer Maria: *Gedichte und Prosa,* Köln 2000
Saint-Exupéry, Antoine de: Der kleine Prinz, Düsseldorf 1973 ff.
Seneca für Zeitgenossen. *Ein Lesebuch zur philosophischen Weisheit,* hrsg. von Josef M. Werle, München 2000

Sri Aurobindo: *Das Ideal einer geeinten Menschheit,* Gladenbach 2000 (3. Aufl.)
Wilde, Oscar: *Aphorismen,* hrsg. v. Frank Thissen, Frankfurt 1987
William Morris: *Kunde von Nirgendwo oder Ein Zeitalter der Ruhe. Einige Kapitel aus einer utopischen Romanze,* Berlin 1991

Als Anregung für einen zuversichtlichen Blick auf musikalische Lebensfreude im Alter sei der bewegende Film von Wim Wenders: »Buena Vista Social Club« empfohlen (auf DVD erhältlich).

Der Autor

Des Autors Leid und Lust
Es schreibt mich dicht und tief, von oben und von unten,
die Seitenvielfalt des Lebens nimmt mir zuweilen die Sicht
durchschreiben muss ich wohl erst
Lehmböden, Felsen und Steine
durch Morast, über sandige Hügel auf weitem Felde
mich dann verlieren in unendliche Weiten
mich verzehren mit Blicken
voller Sehnsucht am Horizont der unerreichbar scheint
dann aber doch – blitzartig wird es leichter
mein geistiges Auge erblickt die Blaue Blume
welche Anmut in glitzernd blauem Glanze
lächelnd schaue ich dem Spiel meiner Finger auf den Tasten zu
»Na, siehst du!« denke ich
der bittersüße Duft betört
und lässt die Finger über die Tasten fließen
was in Buchstaben gegossen und erlesen werden will
dem befreiten Geist entsprungen

Eingebung während des Schreibens von
»Das Beste kommt erst noch«

Dr. Dieter Mueller-Harju, Jg. 1952, Lebensphilosoph, Psychologe und Soziologe, ist Lebenswegberater und schreibt für sein Leben gerne. Nach einer langjährigen Forschungs- und Lehrtätigkeit an der Universität Frankfurt eröffnete er 1991 seine Praxis für Lebenswegberatung (LeBeWell). Im Mittelpunkt seiner Publikationen und seines Engagements stehen vor allem die Kunst zu leben und eine neue Kultur des älter Werdens. Familienunternehmer unterstützt er dabei, dass die Nachfolge auch einen persönlichen Gewinn für alle Beteiligten bringt. Ratsuchende erfahren in seiner einfühlsamen Beratungspraxis Unterstützung und Begleitung bei der Klärung grundlegender

Lebens- und Berufsfragen sowie bei aktuellen persönlichen Entscheidungssituationen.
Er liebt das Leben, Menschen, Musik, Reisen, Natur und seine Frau Nadi – und erlaubt sich einen einfachen Geschmack: einfach nur das Beste!
Heute lebt und arbeitet der Autor in Tutzing am Starnberger See.

Kontakt:

Dr. Dieter Mueller-Harju
LeBeWell, Herrestraße 14, 82327 Tutzing.
Tel. 0 81 58-90 58 60
Email: fortuna-prinzip@arcor.de
Näheres über seine Vielseitigkeit erfahren Sie auf der Webseite:
www.dr-mueller-harju.de
Wer direkt zu seinem Thema möchte:
LebensKunst:
www.fortuna-prinzip.de
Die Kunst älter zu Werden:
www.happy-aging-quellen.de
Nachfolge in Familienunternehmen:
www.unternehmensnachfolge-online.de

Besten Dank!

Wieder war es mein langjähriger Freund Oberstudienrat Dr. Jörn Krümpelmann aus Frankfurt a. M., der von Anfang an alle Entwürfe las und dessen Kommentare mich zum Überdenken des Geschriebenen brachten. Ich danke Dir dafür, dass Du meinem Engagement und meinen Verrücktheiten Aufmerksamkeit und Lebenszeit schenkst. Du bist einer der Besten und ein wahres Geschenk! Über ein weiteres Lebens-Geschenk bin ich mehr als dankbar: Nadi, meine Frau. Wie Du leise die Tür zu meiner Schreibwerkstatt geöffnet hast, war echt lieb. Dass Deine Geduld und Ungeduld, Dein Charme und süßes Lächeln mich des Öfteren von meinem Schreibtisch weglockten, war auf jeden Fall besser für mich. Auch dass Du Korrektur gelesen hast, trotz Deiner vielen Arbeiten für uns, war wertvoll und erfreulich. Du kannst sicher sein, dass ich Dich mehr liebe als meine Rockhelden Jethro Tull!

Meine Mutter Agnes, die in meiner Heimatstadt Andernach am Rhein lebt, zeigt mir schon mein Leben lang, dass, auch mit schweren Behinderungen, das Leben glücklich und zufrieden gelebt werden kann. Sie ist 82 Jahre. Danken möchte ich auch meinem Vater Heinrich Walter, der am 23. Januar 2005 schon vorausgegangen ist. Du bist mir gegenwärtig. An Dich zu denken lässt mich herzlich und beflügelt schreiben. Ich liebe Euch!

In seiner Weise hat jeder, dem ich während der Zeit meiner Schreibarbeit begegnete, Einfluss auf das Buch genommen. Alle nennen kann ich hier nicht, doch auch Sie gehören zu den Besten. Peter Kampf sage ich Danke für sein engagiertes Interesse an meiner Arbeit und das freundschaftliche Zusammensein in Tutzing und anderswo. Jurij Bellow aus Frankfurt, dem unermüdlichen Gestalter und Schützer von Webseiten, danke ich für seine Liebenswürdigkeit. Er zeigt, dass mit der Rente noch lange nicht Schluss ist. Den Frauen Rosa Klugbauer aus München, Edith Schumacher aus Grünwald, Dr. Ingrid Tiefenbach aus Frankfurt, Gabi Kampf aus Traubing und Rachida Wanke aus Tutzing danke ich für ihre äußerst weiblichen Bemerkungen. Ihr könnt sicher sein, dass Eure Schönheit im Alter nicht vergehen wird! Der Künstlerin Sylvia Andresen aus Bernried sage ich von Herzen Danke für ihre unkonventionelle LebensArt. Toll, wie Du mit über 60 Jahren spontan Deine Sachen ins Auto werfen kannst und im Winter gen Süden abfährst, einfach so. Du lebst immer wieder ein neues Leben!

Dem nymphenburger Verlag möchte ich dafür danken, dass er sich des »Besten« angenommen und es veröffentlicht hat. Juttas Geburtstag hatte Sabine Jaenicke, Programmleiterin bei nymphenburger, auf das Beste aufmerksam gemacht. Dafür besten Dank an beide! Meiner Lektorin Carolin Stubenrauch danke ich für das freundliche *in den richtigen Satz bringen* des Buches. Nicht zuletzt bedanke ich mich bei meinen Klienten für ihr Vertrauen und die persönlichen Einblicke in ihre Lebenswelten.

Zutiefst dankbar bin ich all meinen Wohlfühl-Plätzen, die mir mein neuer Lebensort Tutzing bietet, und natürlich auch meinem Arbeitszimmer mit herzöffnendem Seeblick. Hier können meine Ideen und Gedanken sprießen und lassen mich beim Schreiben wohlfühlen. Ja, einen Ort zum Leben gefunden zu haben, ist ein großes Glück!